Investment S

零公式學完
投資學

應對通膨壓力、生活成本與
資源錯配的現代生存財務策略

洪予凱 著

理財不是有錢人的遊戲,而是每個人都該磨練的生活技能

別再苦等加薪救你的生活,
真正的改變從學會投資開始!

目 錄

序言
從零開始,走向財務自由的旅程　　005

第一章
投資思維養成:開啟你的理財大門　　009

第二章
投資理論與實踐:從基礎到進階　　041

第三章
股票投資初探:從觀望到入門　　081

第四章
債券、儲蓄與基金:穩健理財的關鍵　　117

第五章
外匯、黃金與大宗商品:全球化投資視野　　157

目錄

第六章
房產與收藏：臺灣生活化的投資選項　　193

第七章
保險與信託：保障你的投資安全　　229

第八章
投資人生：自我成長與未來規劃　　267

序言
從零開始，走向財務自由的旅程

在這個資訊爆炸的時代，投資理財已成為每個人生活中不可或缺的一部分。無論是為了退休規劃、子女教育基金，還是實現財務自由，投資都扮演著關鍵角色。然而，對於許多人而言，投資仍是一個陌生且充滿挑戰的領域。

本書旨在為讀者提供一個清晰、實用且易於理解的投資學習指南。我們相信，透過系統性的學習與實踐，每個人都能掌握投資的核心概念，進而在財務上獲得自由與安全感。

◎投資的本質與重要性

投資不僅僅是金錢的運用，更是一種生活態度和價值觀的展現。它關乎我們如何看待風險與報酬、如何做出理性的決策，以及如何規劃未來的生活。正如班傑明·葛拉漢（Benjamin Graham）所言：「投資人最大的問題 —— 甚至最可怕的敵人，可能是自己。」這句話提醒我們，投資的成功與否，往往取決於我們的心態與行為。

在臺灣，隨著金融市場的開放與發展，投資工具日益多元，從股票、債券、基金到衍生性金融商品，選擇繁多。然

序言　從零開始,走向財務自由的旅程

而,這也使得投資變得更加複雜,對於缺乏相關知識與經驗的人而言,容易陷入迷惘甚至誤入歧途。

◎本書的特色與架構

本書的最大特色在於「零公式」的教學理念。我們摒棄繁瑣的數學公式與艱澀的理論推導,轉而以生活化的語言、案例與簡明的圖表,幫助讀者輕鬆理解投資的核心概念。我們相信,投資應該是每個人都能掌握的技能,而非專業人士的專利。

全書共分為八章,從投資的基本概念開始,逐步深入到各種投資工具與策略,並探討投資心理學、風險管理以及財務規劃等主題。每一章節都設計了實用的練習與檢核點,協助讀者鞏固所學,並應用於實際生活中。

◎投資是一場終身的學習旅程

投資並非一蹴可幾的技能,而是一場終身的學習旅程。市場瞬息萬變,新興產業的崛起、政策的調整、全球經濟的波動,都可能影響投資組合的表現。因此,投資人必須持續學習,更新知識,才能應對各種挑戰。

此外,投資的學習不僅來自書本與課程,更來自實際操作中的經驗累積。每一次的投資決策、每一次的市場波動,都是學習的機會。透過不斷的實踐與反思,我們可以逐步建立起穩健的投資策略,實現財務自由的目標。

◎給讀者的建議

在開始閱讀本書之前,我們希望讀者能夠抱持以下幾點心態:

1. 開放心胸,勇於學習

無論你過去是否有投資經驗,都請以開放的心態來學習新的知識與觀念。

2. 實事求是,量力而為

投資並非一夜致富的捷徑,而是需要長期規劃與耐心等待的過程。請根據自身的財務狀況與風險承受能力,制定合適的投資策略。

3. 持之以恆,持續學習

投資市場變化莫測,唯有不斷學習與調整,才能在風險中尋求穩定的報酬。

4. 理性思考,避免情緒化操作

市場的波動容易引發情緒反應,但成功的投資人懂得控制情緒,做出理性的決策。

我們相信,透過本書的學習,讀者將能夠建立起正確的投資觀念,掌握實用的投資技巧,並在實踐中逐步實現財務自由的目標。

序言　從零開始，走向財務自由的旅程

　　讓我們從零開始,踏上這段充滿挑戰與機會的投資旅程,攜手邁向財務自由的未來。

第一章
投資思維養成：開啟你的理財大門

第一章　投資思維養成：開啟你的理財大門

第一節
投資的真義 —— 為何需要學習投資？

在現代社會，投資不再是少數人的專利，而是每個人都需要面對的重要課題。從學生、上班族到即將退休的族群，學習投資不僅是為了賺更多的錢，更是讓自己與家人的未來更加穩健。就像知名經濟學家羅伯特・席勒（Robert Shiller）所說：「投資是一種用來對抗不確定性的工具，也是讓未來生活更有保障的方法。」

▎投資的核心觀念：錢為什麼不只是錢？

對多數人來說，錢可能只是用來支付日常開支的工具；但在投資的世界裡，錢更是一種可以「育成」的資產。舉個簡單例子：若你將 1,000 元放在銀行定存，幾年下來雖然本金安全，但獲得的利息微乎其微；而若將相同金額投入適當的投資工具，透過時間與複利效應，未來可能獲得數倍的報酬。

許多人害怕投資，擔心失敗、擔心風險。事實上，最大的風險並非投資本身，而是長期不去思考「錢應該怎麼運用」的問題。經濟學家彼得・林區（Peter Lynch）指出：「投資並不需要聰明才智，但需要耐心和紀律。」

▋投資是一種習慣，也是一種心態

學習投資的過程，不只是金錢的增值，更是改變心態的旅程。當你開始關注自己的資產流動，學會每個月記帳、設定理財目標，這些行動會讓你在生活中培養出更多的自信感與安全感。心理學家亞伯特・班度拉（Albert Bandura）在研究中指出，「自我效能感」對於人生的成就非常關鍵。投資的學習，正是這種自我效能感的一部分：當你知道自己有能力掌控金錢時，面對未來的不確定性，也能更有底氣。

▋投資為什麼不能再等？

「等有錢再投資」是許多人心中的想法，但這卻是投資世界中最大的迷思。事實上，越早學會投資，複利的力量就能幫助你越早達到財務自由。美國富翁華倫・巴菲特（Warren Buffett）曾經說過：「我的財富來自複利。」

根據臺灣金融研訓院的研究報告，若每個月投資 3,000 元，年報酬率為 8%，30 年後你將擁有超過 450 萬元的資產。這證明了：投資是時間的朋友。當你越早開始，時間就會成為你的助力，而不是你的敵人。

第一章　投資思維養成：開啟你的理財大門

▌不只是金錢的遊戲：投資的更深層意義

投資絕對不只是關於金錢的遊戲，它更關乎一種生活的態度。舉例來說，越來越多的臺灣年輕人投入股票市場，除了看見可能的報酬，更重要的是他們開始接觸財經知識，學會關注國際局勢與產業發展，這讓他們的視野不再局限於當下的工作與生活，而是著眼於更大的世界。

這樣的心態，不僅讓你的金錢發揮最大效益，也讓你對人生的選擇有更多的彈性與自由。或許你未必會成為股神，但投資讓你有更多的機會成為更好的自己。

投資是一種生活的智慧

總結來說，學習投資的真義，不是為了賺大錢，而是為了活得更有底氣、更有自信。當你了解投資的力量，開始累積財務知識與經驗，未來無論面對什麼挑戰，都能更從容、更有把握。投資是一種生活的智慧，也是一種對未來的保障。現在，就是最好的開始。

第二節
別怕起步晚 —— 投資與人生階段

許多人在接觸投資時,常常心生懷疑:我是不是太晚開始了?事實上,無論你幾歲開始學習投資,只要願意踏出第一步,就永遠不嫌晚。根據投資大師查爾斯・艾利斯(Charles D. Ellis)的研究,關鍵並不在於何時開始,而在於你是否有意識地開始。

▌不同階段,不同的投資目標

在人生的每個階段,我們對金錢的態度與目標都不一樣。對年輕族群來說,投資的目標多半是「資產累積」,例如:存第一桶金、買房基金、結婚基金等。此時的投資風格,通常會較有冒險精神,因為時間優勢能抵抗短期市場波動。

然而,對中年族群來說,投資的重點在於「資產保值與穩健成長」。工作穩定、收入穩定後,如何讓資產在安全的基礎上持續成長,就成了關鍵。這時候,投資組合中,儲蓄與穩定收益型商品可能會占比更高。

對即將退休或已退休的人來說,投資的目標通常是「現金流的穩定與生活品質」。這時候,重點不在於賺大錢,而是如何確保手上的資產能支持日常生活開銷,避免過度曝險。

第一章　投資思維養成：開啟你的理財大門

▍投資從不嫌晚

以林先生為例，他在 40 歲才開始接觸投資。過去，他一直覺得自己收入不高，沒辦法投資。直到他 40 歲時，看到朋友透過基金定期定額投資，慢慢累積財富，他才驚覺：即使起步晚，還是有機會累積資產。於是他從每月 5,000 元開始，透過長期投資、分散風險，十年後，累積了超過百萬元的資產，退休金計畫也更加踏實。

這個例子告訴我們：重要的不是年齡，而是「開始行動」。越早意識到投資的重要性，越能從容應對未來。

▍投資的彈性思維：量力而為，量身規劃

每個人的投資起點與步調都不同，關鍵在於量力而為。就像心理學家阿爾弗雷德・阿德勒（Alfred Adler）強調的「自我決定」理論，投資也是一種自我決定的過程。你可以選擇投資金額、投資工具與風險程度，完全依照自己的狀況與目標，彈性調整。

例如：年輕時可以選擇股票或指數型基金，累積資產；進入職場中期後，可以開始考慮債券、ETF 等穩健型投資；到退休前，則可以考慮現金流型商品，如高股息基金、債券基金等。每一階段都有最適合的投資組合，沒有絕對的對錯，只有適合自己的「選擇」。

第二節　別怕起步晚—投資與人生階段

▌投資的目的：讓人生多一分底氣

當你發現投資不只是錢的遊戲，而是人生每個階段的安全墊，你就會明白：投資，其實是為了讓你在生活中擁有更多的選擇與自由。

有人說，投資是「讓錢為你工作」的過程，這話說得沒錯，但更深一層的意義是，當你擁有穩定的投資收益，面對生活的不確定性，你能更從容、更有信心。例如：當公司裁員潮來臨時，你不至於手足無措；當需要教育經費或醫療費用時，你也有多一分應變的能力。

現在就開始，永遠不晚

別再問「我是不是太晚了？」因為真正重要的問題是：「我準備好開始了嗎？」只要你願意開始學習，願意用心對待投資這門學問，無論你處在人生的哪個階段，永遠都不嫌晚。投資不是比誰跑得快，而是比誰願意走得遠。現在，就是最好的開始。

第一章　投資思維養成：開啟你的理財大門

第三節
破除迷思 ── 投資不是賭博

　　在許多人的觀念裡，投資往往被誤解為「賭博」。或許是因為在新聞或親友間，常常聽到有人因投資而賠錢，讓人不禁對投資產生懷疑。然而，投資與賭博的根本差異，其實是目標、方法與心態。若你理解並掌握這些差異，就能擺脫「投資等於賭博」的迷思。

投資與賭博：最大的不同在於「可控性」

　　賭博的本質在於機率與運氣。無論你多會下注，都無法改變牌局或賭桌的規則，輸贏多半取決於隨機的機會。相比之下，投資則是建立在可控的基礎上：透過研究、判斷和風險管理，你可以影響最終結果。

　　舉例來說，臺灣的 ETF 投資在過去十年間的平均報酬率約為 6%～8%，雖然偶有短期波動，但長期而言，趨勢明確且穩定。這說明投資可以透過「時間」與「知識」來掌控，而非靠運氣。

第三節　破除迷思—投資不是賭博

▎心態決定一切：為什麼投資不該有賭徒心理

心理學家丹尼爾・康納曼（Daniel Kahneman）曾指出，人們在面對金錢的風險時，容易受「賭徒謬誤」影響，誤以為只要再試一次，就能扳回劣勢。這種心態，往往讓人越陷越深。

投資不該是「賭」一把，而是長期、持續的理性決策。例如：透過每月定期定額投資，讓市場的波動成為「平滑化」的好幫手，而非賭場裡的心驚膽跳。

▎知識就是風險管理的起點

投資人若只是跟風或聽信小道消息，結果往往會像賭博一般無法預測。然而，若你願意花時間研究、學習，了解自己投資的商品與背後的產業趨勢，風險就能得到有效控制。

舉例來說，許多臺灣小資族會選擇定期定額投資臺灣 50 ETF，這是一種分散風險的方式；同時，透過不斷關注市場動向與企業基本面，你會更清楚知道投資何時該加碼、何時該調整。

▎投資成功不是「碰運氣」

讓我們看看一個案例。陳小姐過去總認為投資就是「試手氣」，年輕時，她曾聽信親友推薦，投入所有積蓄買進一

第一章　投資思維養成：開啟你的理財大門

家小公司的股票，結果遇上市場不景氣，股票腰斬，損失慘重。這次經驗讓她一度對投資敬而遠之。

直到她 30 多歲時，重新接觸投資，這次她不再只聽朋友的建議，而是認真學習理財書籍、報名投資講座，開始以小額、分散的方式，進行基金與 ETF 的定期定額投資。十年後，她的資產穩定成長，生活也因此更有安全感。陳小姐的故事告訴我們：投資不是賭博，只要用對方法與心態，時間會成為你的盟友。

投資是一門學問，不是運氣遊戲

當我們真正了解投資與賭博的差異，就能更清楚看見投資背後的智慧與機會。投資需要知識、耐心與紀律，而非一時的運氣或激情。記住：投資不是賭博，它是你對未來的規劃與信心的展現。只要用正確的心態與方法，投資將成為你邁向財務自由的穩健道路。

第四節
風險與報酬 —— 認清雙面刃

投資世界裡，有一句經典名言：「高風險，高報酬；低風險，低報酬。」這說明了風險與報酬是密不可分的雙面刃。許多投資新手容易被高報酬的夢想吸引，卻忽略了背後隱藏的風險；而也有人因為過度恐懼風險，錯過了資產成長的機會。要在投資中走得長遠，首要的功課就是學會認清風險與報酬的關係。

什麼是風險？什麼是報酬？

風險，簡單來說，就是投資結果不如預期的可能性。這包括價格波動、資產價值下降，甚至是投資失敗的風險。報酬，則是你在承擔這些不確定性後，所能得到的回報。舉例來說，銀行的定存雖然風險極低，但報酬也很有限；股票投資則波動較大，可能帶來更高的收益。

心理學家保羅・斯洛維克（Paul Slovic）研究發現，人們對風險的感受往往是主觀的，並不完全依據事實判斷。這也讓許多投資新手在做決策時，容易被情緒影響，忽視真正的風險。

第一章　投資思維養成：開啟你的理財大門

如何衡量風險與報酬？

在專業的投資領域，常用「標準差」來衡量投資的波動程度，也就是所謂的風險大小；而報酬則是長期累積下來的實際收益率。不過，對多數沒有專業背景的人而言，記住一個原則就好：當報酬看起來特別誘人時，背後的風險一定不小。

舉個實例：2019 年，臺灣的虛擬貨幣投資一度大熱，許多投資人短期內獲得數倍的報酬；但隨後的崩盤，也讓不少人血本無歸。這提醒我們，任何看似「穩賺不賠」的高報酬，背後都有隱藏的高風險。

找到適合自己的風險承受度

每個人的風險承受度不同，與年齡、收入、家庭責任與個人目標都有關。年輕族群通常可以承擔較高的風險，因為有時間彌補損失；而中年或退休族群，則多半傾向於風險較低、報酬較穩定的投資。

以李先生為例，他在 30 歲時投入股市，追求成長型投資；到了 45 歲時，家庭責任增加，他逐步轉向債券與基金，降低資產波動。這樣的轉變，正是理解自己風險承受度後，做出的明智調整。

第四節　風險與報酬—認清雙面刃

▍投資前的自我盤點：風險評估問卷

許多金融機構都提供簡單的風險評估問卷，協助投資人判斷自己的風險屬性。問題通常包括：

- 你有多長的投資時間？
- 你能接受投資帳面虧損多少？
- 你對投資的首要目標是什麼？

透過這些問題，你能更了解自己對風險的態度，也能避免在市場波動時出現恐慌性賣出或盲目加碼的行為。

風險與報酬，缺一不可

投資並非盲目追求報酬，而是要在風險與報酬之間取得平衡。當你學會如何看待風險，並善用時間與知識去掌控它，投資就不再是讓人心驚膽跳的賭注，而是一種穩健的財務規劃。投資的路上，學會與風險共處，你才能真正享受到報酬帶來的果實。

第一章　投資思維養成：開啟你的理財大門

第五節
認識自我 —— 投資前的心理建設

　　學習投資不只是研究市場趨勢與數據分析，更是一場自我探索的過程。很多人以為投資只是關於數字和金錢，事實上，心理建設往往是成功投資的第一步。知名投資人彼得·林區（Peter Lynch）曾說：「投資最困難的部分，不在於找出最佳的標的，而是在於面對自己內心的恐懼與貪婪。」

▍投資心理：為什麼我們常常被情緒左右？

　　心理學家丹尼爾·康納曼（Daniel Kahneman）在他的著作《快思慢想》中指出，人類大腦中存在兩套系統：一套是直覺反應，快速但易受情緒影響；另一套則是理性分析，緩慢卻更能幫助做出冷靜的決策。在投資時，很多人常常讓情緒的「快系統」主導，忽略了理性的「慢系統」。例如：當股市大跌時，恐懼讓人急於賣出；當市場一片樂觀時，貪婪讓人想盲目加碼。

　　這種心理現象有個專有名詞：「從眾效應」。看見別人都賺錢時，就想跟進；看見別人慘賠時，就趕緊逃跑。結果是買在高點、賣在低點，投資變成了虧損的惡性循環。

第五節　認識自我—投資前的心理建設

▎自我認知：找到屬於自己的投資節奏

在開始投資前，最重要的是「認識自己」。你是屬於謹慎型，還是喜歡冒險型？你對於金錢的態度，是積極進取，還是偏向穩健？

例如：張小姐在職場上非常謹慎，存錢有計畫，不喜歡借貸。當她開始投資時，選擇了每月定期定額的基金，逐步建立資產。相對的，林先生性格開朗，願意承擔風險，他會配置一部分資金在股票與 ETF，追求較高的成長潛力。

投資沒有絕對的對與錯，關鍵在於找到與自己性格相符的節奏，這樣才能在市場波動時保持穩定心態。

▎投資前的三個心理練習

在開始投資前，可以先做三個簡單的心理練習，幫助自己建立穩定的投資心態：

1. 寫下你的投資目標

是為了退休生活、還是為了孩子教育基金？當目標具體明確時，面對短期波動時更能保持冷靜。

2. 預設可能的風險

想像一下，如果投資下跌 10%、20%，你能否接受？提前模擬可能的情境，有助於降低面對市場劇烈波動時的焦慮。

3. 學會延遲滿足

心理學家華特・米歇爾（Walter Mischel）提出「延遲滿足」的概念：能忍住眼前的誘惑，等待更大的回報。投資也是如此，學會耐心等待長期回報，而不是追求短期刺激。

▌投資新手的心態轉變

以蔡先生為例，剛開始投資時，他總是被市場消息牽著走。股市上漲時，他急著加碼；下跌時，恐慌賣出。後來，他開始記錄自己的每次投資決策，並在心態日記中反省，發現自己的問題不在於選股，而在於缺乏計畫與紀律。調整後，他改採定期定額方式，並設定停利與停損點，投資績效也穩定下來。

蔡先生的例子告訴我們：投資其實是自我管理的修練場，認識自己，才能走得長遠。

投資先從認識自己開始

投資從來不是「賭」未來的運氣，而是「經營」未來的可能性。投資前的心理建設，像是一面鏡子，讓你看清自己的恐懼與欲望，找到最適合的節奏與工具。當你學會把心態調整到最佳狀態，投資就能從一個未知的世界，變成一條通往財務自由的道路。

第六節
錢從哪裡來？── 理財起點的重要性

許多人在談投資時，往往只關注「錢怎麼變多」，卻忽略了一個更重要的問題：錢從哪裡來？理財的起點不是選股、買基金，而是先弄清楚自己的財務基礎。唯有先建立穩健的收入與儲蓄基礎，投資的路才能走得更穩、更遠。

▌理財的第一步：建立現金流

理財的根本，就是讓收入高於支出，創造出穩定的現金流。簡單來說，就是「有錢可投資」。如果連基本的現金流都無法維持，投資再厲害也無法長久。

舉例來說，根據臺灣主計總處的報告，許多年輕人因為過度依賴信用卡或貸款，造成每月入不敷出。這種「先花未來錢」的習慣，看似方便，實則在未來投資時成為沉重的負擔。

▌記帳：認識你的錢

「記帳」常被忽視，但它其實是理財最基礎的功課。透過記帳，你能清楚看到每月的收支結構，發現哪些是必要開支，哪些是可刪減的浪費。理財專家戴夫・拉姆西（Dave

第一章　投資思維養成：開啟你的理財大門

Ramsey）指出：「錢的流向，反映了你的人生目標。」透過記帳，你會發現自己的花錢模式，也能開始思考如何優化支出。

例如：王小姐剛開始工作時，每月收入約三萬元。起初她覺得這筆錢只能剛好過生活，根本無法投資。後來，她養成了記帳習慣，發現有許多外食與衝動購物的開銷。經過半年調整，她每月省下超過 5,000 元，這筆錢就成了她投資的起點。

建立緊急預備金：讓投資無後顧之憂

在開始投資之前，最好先建立「緊急預備金」，也就是萬一發生突發狀況（如失業或重大支出），能夠應付三到六個月的生活開銷。這筆錢通常存在風險低、流動性高的工具，如銀行定存或貨幣型基金。

有了這層保障，當市場波動時，你不會因為生活壓力而被迫賣出資產。心理學家亞伯特・班度拉（Albert Bandura）也提到：「心理安全感，是穩定決策的基礎。」緊急預備金，正是帶來這份心理安全感的關鍵。

創造多元收入：投資的助力

除了節流，更要想辦法開源。當今社會，多數人不再只依靠一份薪水，而是透過多元收入來源，讓理財與投資更有彈性。例如：

第六節　錢從哪裡來？──理財起點的重要性

- 兼職或副業
- 技能分享、課程教學
- 出售二手物品、閒置資產

這些收入雖然不一定大，但累積起來，能成為投資的資金池。許多人透過網路平臺經營副業，像是接案設計或網路行銷，都是創造現金流的好方法。

投資從財務基礎開始

投資的第一步不是開戶，而是確保自己有穩定的現金流與財務結構。當你明白「錢從哪裡來」，並且做好生活的基本保障，投資就不再是壓力，而是一種讓你更安心的財務安排。唯有踏實的理財起點，才能讓投資之路越走越遠。

第七節
資產與負債 —— 基本概念初探

在投資世界中，理解「資產」與「負債」的基本概念，能為你的理財規劃打下最堅實的基礎。許多人誤把負債當成資產，導致在財務上陷入壓力。資產會不斷帶來現金流與增值潛力，負債則不斷從你口袋拿走錢。理解這個差異，才能在投資路上不迷路。舉例來說，擁有穩健的股票與房地產不只是財富的象徵，更是能持續替你創造收入的穩定基礎。房地產出租或股票股息都能成為你的被動收入來源。相比之下，信用卡債務或汽車貸款雖然能短期內帶來享受，但長期下來卻可能成為財務的枷鎖。

▌資產：持續幫你賺錢的工具

資產是能產生收入的東西，包括現金、股票、房地產、專利等。好的資產不僅能在未來升值，還能穩定地提供被動收入。舉例來說，穩健的股票或基金會隨著經濟成長而增加價值，而收租房地產則能帶來穩定的租金收入。此外，知識和專業技能也可視為「無形資產」，長期來說能為你帶來更多的機會與收入。

第七節　資產與負債─基本概念初探

▌負債：讓你一直掏腰包的負擔

負債通常指借來的錢，如車貸、學貸、信用卡債等。它們會要求你每月固定還款，不但壓縮你的生活空間，也降低了可用的投資資金。尤其是那些不會替你創造收益的負債，像是奢華汽車，長期只會讓你資金越來越少。負債本身並非罪惡，關鍵在於是否能帶來投資報酬或長期價值，否則只會成為壓力來源。

▌資產與負債的動態平衡

許多人以為只要沒有負債就安全了，但其實更重要的是讓資產成長速度超越負債的累積速度。你應該努力增加資產，同時確保負債不過度膨脹。雖然背有房貸，但因為房產增值快且出租收益穩定，負債反而成為資產的「加速器」。保持這種平衡，才能讓你的財務結構更健康。

▌學會資產與負債的分界

李小姐在購車前從未想過「這是資產還是負債」。她發現，儘管有車方便，車貸與開銷壓得她喘不過氣。賣車後，她把錢投入股票基金，逐漸培養出資產帶來的被動收入，從此心態完全不同。這個轉變讓她明白，投資理財並不在於擁有什麼，而是擁有什麼能讓你更安心、帶來長期價值。

第一章　投資思維養成：開啟你的理財大門

關鍵在於清晰的認知與持續調整

投資最關鍵的一步，就是認清什麼是能幫你賺錢的資產，什麼是只會帶來開銷的負債。學會這個基本功，你的財務未來將更安全、更有彈性。

第八節
如何看懂財經新聞 ── 建立金融敏感度

在投資世界中,能否掌握第一手的市場資訊,常常成為獲利與風險管理的關鍵。新聞媒體充斥著各種投資建議與市場趨勢,但要從中篩選出真正有價值的訊息,並非一件容易的事。這節將從基本的判斷原則出發,協助讀者建立金融敏感度,提升投資的信心。

▍為什麼要關注財經新聞?

財經新聞反映著國內外的經濟變化,也牽動著你所投資的標的。舉例來說,央行升息、美元走勢、國際油價波動等,都是影響股票、基金與外幣投資的重要因素。學會關注這些新聞,就像打開投資的「視野」,能讓你及時調整資產配置。

▍如何挑選可靠的財經消息來源

在臺灣,主流的財經媒體如《經濟日報》、《商業周刊》、《今周刊》等,通常都會提供專業的市場報導與分析。國際上,像是《彭博社》、《路透社》與《華爾街日報》也都是投資人常參考的國際新聞平臺。選擇多樣化的新聞來源,能幫助你從不同角度看待市場的脈動,避免資訊偏差。

▋學會判讀：不要被標題騙了

很多時候，財經新聞的標題會用比較聳動、吸引眼球的方式呈現。例如「股市血洗！大盤重挫千點」或「全球經濟即將崩盤？」等，但實際內容可能只是短期的市場修正或漲跌。面對這些報導，要學會先看內容、再看結論，避免被標題的情緒帶著跑。

▋建立自己的金融敏感度

所謂的金融敏感度，就是能在各種資訊中，快速抓住對自己投資有用的重點。例如：當你看到臺灣科技業的財報新聞，就要去想：這會不會影響我手上的電子股投資？或是看到國際原物料價格上漲，要思考：我是否持有相關產業的基金？透過這種練習，你的判斷力與敏感度就會越來越高。

▋實際練習：從日常新聞開始

其實，培養金融敏感度不一定要讀艱澀的報表。你可以從每天的新聞、甚至是身邊的觀察開始。像是最近的臺灣房市新聞，是否和你的租屋計畫或房貸負擔有關？疫情影響到全球供應鏈，是否衝擊你投資的國際基金？這些都能成為投資判斷的切入點。

第八節　如何看懂財經新聞—建立金融敏感度

新聞是工具，不是指令

投資人要明白：財經新聞是輔助投資決策的工具，而不是讓你盲從的指令。當你學會建立自己的金融敏感度，就能在市場波動中，抓住屬於你的投資機會。投資的路上，與其當個跟風者，不如當個有判斷力的「新聞解讀者」。

第一章　投資思維養成：開啟你的理財大門

第九節
投資習慣的養成 —— 一點一滴慢慢來

在投資的世界裡，成功往往不是一蹴可幾，而是建立在日積月累的習慣之上。學會培養正確的投資習慣，將能幫助你在漫長的理財旅程中，走得更穩、更長遠。

▌投資習慣的重要性

根據心理學家詹姆斯・克利爾（James Clear）在《原子習慣》一書中的觀點，微小的行動累積起來，就能改變我們的人生。投資也是如此。每天一點一滴的理財行動，會在時間的長河中，滾成巨大的雪球效應。

例如：記錄每月投資金額、定期檢視投資組合、閱讀一本理財書籍……看似微不足道，但只要堅持，長期累積的影響力會非常驚人。

▌從小額開始，降低壓力

很多人以為投資一定要有大筆資金，才能開始。事實上，投資應該從自己的能力範圍內出發。像是許多臺灣人選擇定期定額投資基金或 ETF，利用每月幾千元的小額投資，長期下來也能達到相當可觀的資產成長。

第九節　投資習慣的養成──一點一滴慢慢來

黃先生分享：「我從大學開始，每月投資 3,000 元到基金，剛開始覺得進展緩慢，但五年後，我發現已經累積了數十萬元，這筆錢在未來買房、進修都能派上用場。」這樣的故事，說明投資的關鍵不在於金額大小，而在於持續的習慣。

▌建立投資紀律：給自己設定規則

投資過程中，最難的不是找標的，而是堅持紀律。你可以幫自己設立幾項簡單的原則：

◆　固定投資金額，不因市場漲跌而過度改變；
◆　每半年檢視一次投資組合，根據生活目標調整；
◆　設定停利與停損點，避免情緒化操作。

這些原則，就像一座燈塔，能在市場風浪中，指引你不偏離航向。

▌投資習慣改變人生

林小姐剛開始接觸投資時，總是三天打魚、兩天晒網，看到別人賺錢就急著跟進，結果賠了不少。後來，她開始給自己立下紀律：每天花 15 分鐘看財經新聞、每月定期投入基金、每年固定檢視一次總體資產。幾年下來，她不僅投資績效穩定，連生活態度也變得更自律，財務壓力也大幅減輕。

投資就是一種生活態度

投資習慣的養成,遠比短暫的高報酬更重要。當你願意從小處做起,耐心堅持,未來的財務自由與穩健,就會在一點一滴中成形。別忘了:投資不是一時衝動,而是一輩子的修練。

第十節
生活中的小投資練習

投資，不一定總是得從金融市場開始。許多理財專家都指出，生活中的小投資練習，往往是培養投資心態的第一步。從日常理財的小動作中累積經驗，讓自己更有信心面對更複雜的投資世界。

▍小投資的力量：從生活做起

以家中整理為例，你是否有用不到的東西？把這些二手物品放到二手拍賣平臺賣掉，這就是一種小型投資的開始。從整理出閒置物品到出售，再到把這筆小錢投入到定存或基金，整個過程就是一種「讓資金有效利用」的實踐。

又例如：學習做一手好菜，減少外食開銷，也是對自我財務的投資。別小看這些小舉動，累積起來就能大幅度改善生活品質，並騰出更多可用資金。

▍日常生活中的投資靈感

每天多花五分鐘關注一則財經新聞，或是和朋友分享自己的投資心得，都是微型的「腦內投資」。你會發現，當生活中習慣思考「資源如何運用」的時候，投資就不再遙不可及。

第一章　投資思維養成：開啟你的理財大門

簡先生原本習慣喝手搖杯，後來他把每月買飲料的錢省下來，改存入高利定存。他說：「每個月省下 500 元，一年就是 6,000 元，五年後我就能多一筆小小的投資基金。」

▎練習紀律與耐心

小投資的最大價值，並非在於立刻看到驚人的報酬，而是幫助你練習紀律與耐心。就像定期運動能培養健康，小投資也能強化你面對財務壓力的心理承受度。

▎理財從生活起步

高雄的王小姐，從大學時期就習慣把零錢投入零存整付帳戶。剛開始只是一個小小的習慣，但三年後，這筆錢累積到三萬元，成了她第一筆基金定投的本金。王小姐說：「當我發現自己能從零錢裡累積這麼多，信心也大增，開始想更認真規劃未來的投資。」

投資，其實一直在你身邊

很多人總把投資想得很高深，卻忽略了生活中處處都是小投資的機會。從身邊開始，從日常做起，累積起投資的信心與習慣。當這些小投資練習成為生活的一部分，你就已經踏上了投資的第一步。

章節回顧

　　本章旨在幫助讀者建立正確的投資觀念，從理解投資的意義出發，釐清投資與賭博的差異，進一步認識風險與報酬的關係，並強調心理建設對投資決策的重要性。同時也探討了人生不同階段的理財需求，從資產與負債的基本概念談起，引導讀者學會觀察財經新聞、培養金融敏感度，並透過生活中的小練習逐步養成投資習慣，為日後的理財之路奠定穩固基礎。

第一章　投資思維養成：開啟你的理財大門

第二章
投資理論與實踐：
從基礎到進階

第二章　投資理論與實踐：從基礎到進階

第一節　投資工具全盤介紹——打造適合你的理財組合

進入投資世界，首要任務就是了解各式投資工具，因為只有搞懂它們，才能選擇出適合自己的人生規劃。這一節，我們不僅帶你認識不同工具的特性、風險與優勢，更會結合臺灣在地案例與實務經驗，幫助你建立穩健的投資基礎。

現金與定存：財務安全的基石

許多人以為現金只能拿來花用，但事實上，保持適度的現金與定存，能在面臨緊急狀況時發揮保護傘的功能。像是疫情衝擊時，許多企業與家庭現金流短缺，才發現原本看似不起眼的定存，反而是最安心的保障。

債券：穩健投資的首選

債券是政府或企業向你借錢，並承諾定期支付利息與到期還本。像是臺灣政府發行的公債、企業發行的公司債，就是許多退休族群或穩健型投資人的首選。對想兼顧收益與風險平衡的人來說，債券型基金更是理想選項，讓專業經理人幫你分散風險。

第一節　投資工具全盤介紹—打造適合你的理財組合

▌股票與 ETF：掌握成長的契機

股票與 ETF 常被認為是投資人的「成長引擎」。股票讓你成為企業的股東，分享企業獲利；ETF 則透過一次投資一籃子股票，達到分散風險、節省交易成本的效果。舉例來說，臺灣的台積電與鴻海等龍頭企業股票，長期以來報酬穩定，也成為不少人退休基金的核心配置之一。ETF 如臺灣 50 或高股息 ETF，更是小資族「以小搏大」的熱門選擇。

▌基金：交給專家打理的投資管道

基金是一種「懶人理財」的好工具。對於沒有時間或不想天天盯盤的上班族，透過基金可以享受專業團隊的配置建議。基金分為股票型、債券型、平衡型、指數型等多種。臺灣投信業近年來推出的「目標日期基金」更結合退休規劃，隨著時間推進自動調整風險比例，適合不同人生階段的投資需求。

▌房地產：實體資產的穩定感

在臺灣，房地產一直被視為重要的投資工具，不僅能自住，也能出租或增值。根據內政部不動產交易資料，2022 年全臺房市交易量創下近十年新高。投資房產要考量的不僅是貸款壓力與管理成本，也要留意區域發展潛力。黃先生在

2020 年購入臺北市區小套房，經過兩年漲幅超過 15%，出租收益也穩定，讓他退休生活多了一份被動收入。

▍黃金與外匯：分散風險的新選擇

當市場震盪加劇，黃金常被視為「避險天堂」。外匯則是讓你參與國際市場、分散匯率風險的工具。像是近年新臺幣對美元波動劇烈，部分投資人會將資產轉換成美元或多元貨幣，降低單一幣別風險。

▍創業投資與期貨：高風險高報酬的進階挑戰

對於願意承擔較高風險的投資人，創業投資與期貨也是選項之一。創業投資，像是投入新創企業或天使基金，風險高，但一旦成功，報酬驚人。期貨則是一種槓桿投資，能放大獲利，也可能放大虧損，需謹慎操作。

▍量身打造你的投資組合

認識這些工具後，下一步就是根據自己的收入、風險承受度與人生目標，量身打造最適合的投資組合。沒有任何工具是絕對好或壞，重點在於適不適合自己的需求。

第一節　投資工具全盤介紹—打造適合你的理財組合

> **打穩基礎，穩健前行**
>
> 投資工具就像一把把工具刀,各有適用場合。當你清楚它們的特性與適用場景,就能像工匠一樣,挑選出最適合當下任務的工具。

第二節
基本面分析 —— 看懂財報數字

進入投資世界,基本面分析是必備的第一步,因為它能幫助我們看穿華麗的股價背後,了解一家公司的真實狀態。許多投資新手會被市場的短期波動或媒體報導影響,忽略了企業經營的本質。這一節,我們將從最基礎的財報知識開始,教你如何用數據和邏輯去認識企業,並結合臺灣本地案例,讓理財變得更加真實可感。

財報:企業健康檢查表

財報,簡單來說就是企業的健康檢查報告。它告訴我們企業的賺錢能力、債務負擔與現金流量,三大面向決定了企業的經營風險與獲利機會。

◆ 損益表:又叫「收益表」,顯示公司在一段時間內的收入與支出,最終是否賺錢。

◆ 資產負債表:像企業的「財務快照」,呈現資產(公司擁有的資源)、負債(需償還的債務)與股東權益(淨資產)的結構。

第二節　基本面分析—看懂財報數字

- 現金流量表：記錄現金進出，能看出公司是否有足夠現金應對日常運作。

這三張表相輔相成，缺一不可。

重要指標與背後意義

財報裡的數據，不能只是看表面數字，還要理解背後的意義。以下是投資人必須熟悉的指標：

- 毛利率：衡量公司從商品或服務獲得的「純利潤」能力。
- 營業利益率：顯示經營效率，利潤來源是否健康。
- 每股盈餘（EPS）：淨利除以股數，數值高表示公司賺錢能力強。
- 資產負債比率：看負債壓力，比例高者潛在風險大。
- 自由現金流：企業可自由運用的現金，有助於分紅或再投資。

財報解讀心法：問對問題

財報數字是冷冰冰的，真正要練習的是「問對問題」：

- 這個數字是如何產生的？
- 與過去相比，是進步還是退步？

第二章　投資理論與實踐：從基礎到進階

◆　是暫時性的變動，還是長期趨勢？

舉例來說，毛利率下滑可能是成本上升，也可能是銷售價格競爭。了解背後的原因，才能做出正確的投資判斷。

▎臺灣企業案例剖析：真實的市場學

臺灣的統一企業，食品飲料雙引擎策略，讓營收穩健成長。從財報看，統一的毛利率長期維持在 30% 以上，顯示經營效率高。相較之下，景氣循環產業如長榮海運，EPS 可能隨運價劇烈波動。投資人若只看 EPS 高低，可能忽略了產業特性與潛在風險。

再看台積電，作為全球晶圓代工龍頭，毛利率超過 50%，每股盈餘與自由現金流同樣強勁。這些數據背後，代表的是技術門檻高、全球市占率大等護城河，並非單純的「賺得多」。

▎實戰演練：自己的投資筆記

建議每位投資人，在學習財報時，建立自己的「投資筆記」：

◆　每月關注幾家上市櫃公司財報，記錄重要數字。
◆　把公司放到同產業做比較，看出優勢與劣勢。
◆　記錄下每次閱讀的心得與問題，形成自己的觀察脈絡。

舉例來說，投資人林小姐從 2019 年開始追蹤臺灣高股息 ETF 的成分股，發現其中部分公司毛利率長期下滑，後來決定減少持股比例。這樣的「數字敏感度」，能有效避開投資陷阱。

財報只是起點，還需綜合思考

很多人誤以為基本面分析＝看 EPS，但事實上，財報只是起點，還需要結合產業發展、經濟景氣與企業治理等面向。像是中小企業，財報可能看似漂亮，卻因內部治理混亂而埋下地雷。投資人需從多角度檢視，才能降低風險。

用數據武裝投資決策

這一節，我們學會用財報看懂企業體質，並不斷問「為什麼」與「會不會持續」。基本面分析不只是一門理論，而是讓你在面對股市起伏時，仍能保持理性與信心的最佳武器。

第三節
技術面分析 ── 圖表與趨勢

投資市場瞬息萬變，如何在短期內判斷市場趨勢與進出場時機，成為許多投資人關心的議題。技術面分析是一種重要的輔助工具，它透過市場價格與成交量的變化，解讀投資者的行為模式與心理趨勢。許多成功的投資人都懂得將技術分析與基本面結合，才能做出更穩健的決策。

▍技術面分析的基本概念

技術分析的基礎概念認為：市場價格反映一切。無論是企業的財報數據、產業發展、國際情勢，最終都會反映在價格走勢中。技術分析不在意公司內部數據，而是專注於價格與量的變化，透過統計與圖形化的方式，找到市場的脈動。

技術面分析有三大前提：

- ◆ 市場行為包含所有資訊。
- ◆ 價格沿趨勢運行。
- ◆ 歷史會重演（市場行為會重複）。

這三個假設讓技術分析成為一種研究「群體心理學」的工具。

第三節 技術面分析—圖表與趨勢

主要圖表工具與意義

K 線圖：市場情緒的縮影

K 線圖最早源於日本江戶時代的米市交易，用於記錄每筆交易的開盤價、收盤價、最高價與最低價。它用簡單的線條與陰陽線，形象化呈現每天的市場情緒。

例如：在臺灣市場中，台積電或中華電信等大型股的 K 線型態，能幫助投資人快速掌握當天的多空動能。

移動平均線（MA）：趨勢的視覺化

移動平均線將一段期間的收盤價平均後繪製，常見如 5 日、20 日、60 日均線。當短期均線上穿長期均線時，稱為「黃金交叉」，是多頭訊號；反之則是「死亡交叉」。

臺灣投資人常用季線（60 日）與半年線（120 日）作為長期趨勢觀察，幫助掌握長線布局時機。

成交量：買賣力道的溫度計

成交量的變化是價格趨勢的重要佐證。當股價上漲伴隨大量成交量，代表多頭動能強；反之則顯示市場信心不足。許多投資人會在成交量放大時關注是否有主力進場。

技術指標：量化的多空信號

除了基本圖表，投資人常用技術指標來判斷市場的過熱或過冷。

1. RSI（相對強弱指標）

在 0 到 100 間擺動，超過 70 視為超買，低於 30 視為超賣。RSI 能幫助你避免追高殺低的陷阱。

2. MACD（移動平均收斂發散指標）

由快線、慢線及柱狀圖組成，觀察多空力道轉折。當快線上穿慢線，顯示多方優勢。

這些指標並非絕對，而是輔助你觀察市場氣氛的「體溫計」。

臺灣市場實務案例

台積電的多頭與整理

以台積電為例，2020 年疫情爆發後，全球半導體需求急增，台積電股價從 300 元漲到 600 元以上。技術面上，日線 K 線連續出現多頭排列，月線與季線同步上揚。成交量也大幅放大，配合基本面強勁，技術面顯示多方動能強。2023 年以後，隨著 AI 晶片與電動車應用需求持續上升，台積電股價

保持在高檔震盪,顯示產業長期趨勢仍然正向。然而,2025年全球地緣政治風險與升息循環影響,技術面出現多空拉鋸,股價短期出現整理格局。投資人若僅憑基本面,容易忽略市場轉折的訊號。

金融股的季節性波動

臺灣的國泰金、富邦金等金融股,常受季節性股利發放與房市循環影響。投資人可透過技術面觀察股價是否站穩半年線,或是 RSI 是否過熱,作為增減持股的依據。

技術分析的優勢與盲點

技術分析的最大優勢,在於它能讓投資人快速掌握市場趨勢與情緒,減少憑感覺的操作失誤。許多臺灣短線交易者或當沖族,幾乎完全依賴技術指標作為決策依據。

但技術分析也有局限:它無法解釋企業基本面的轉變,也可能在市場劇烈波動時產生「假突破」或「假訊號」。因此,最好的做法,是將技術分析與基本面結合,才能避免盲目追高與殺低。

用技術分析培養市場敏銳度

技術分析不是萬靈丹,而是一種鍛鍊市場敏感度的工具。當你學會讀懂 K 線圖的語言、掌握成交量的脈動、辨別趨勢與反轉的徵兆,就能在市場波動中更有底氣與信心。

第四節
行為金融學 ── 心理偏差與投資錯覺

投資市場不只是冷冰冰的數字,背後是千千萬萬投資人的心理交織。行為金融學告訴我們,投資決策往往受心理偏差影響,這也是為什麼再聰明的投資人,也會犯下「賣在最低點、買在最高點」的錯誤。這一節,我們將深入了解常見的心理偏差,並分享如何用理性思維打破投資錯覺。

行為金融學的核心觀點

行為金融學認為,人類不是完全理性的「經濟人」,而是會受情緒與習慣影響的「有限理性者」。市場上每一個價格波動,都帶著群體心理的印記。投資人若能理解這些偏差,便能在市場波動中保持更清晰的判斷。

常見心理偏差與投資陷阱

1. 過度自信偏差

許多投資人自認為「自己比別人更懂」,因而忽視市場風險。臺灣不少散戶愛用「小道消息」買股,結果往往賠錢收場。

2. 損失厭惡

心理學家康納曼（Daniel Kahneman）發現，人們對損失的痛苦遠大於獲利的喜悅。這使得投資人更容易在下跌時恐慌賣出。

3. 從眾效應

當大家都在追捧某檔股票時，很多人會被情緒帶著走。2021 年臺股航運股熱潮，就是從眾效應的經典例子。

▌投資錯覺的代價

以 2022 年臺灣航運股為例，當時媒體與社群瘋狂報導「航運股必買」，不少投資人盲目追高。結果，市場反轉後，許多人來不及脫身，痛失血汗錢。這告訴我們：市場上的群體情緒，往往不是理財的最佳指引。

▌打破投資錯覺的行動計畫

（1）記錄投資決策：寫下每次買賣決策背後的理由與目標，幫助自己從情緒中抽離。

（2）設定停損與停利點：事先決定好虧損與獲利範圍，減少臨場情緒干擾。

（3）多角度思考：從基本面、技術面與心理面三管齊下，打造更穩健的投資策略。

第四節　行為金融學─心理偏差與投資錯覺

投資心態的修練

行為金融學提醒我們：人性的脆弱常是投資失敗的主因。投資不只是比誰更快進場，而是比誰更能保持冷靜、看清全局。當你懂得避開心理偏差，投資就不再只是「買進賣出」的遊戲，而是一場與自我情緒對抗、持續修練的智慧旅程。

第二章　投資理論與實踐：從基礎到進階

第五節
多元資產配置 —— 分散風險的祕訣

在投資世界裡，有一句耳熟能詳的格言：「不要把所有雞蛋放在同一個籃子裡」。這句話正是多元資產配置的精髓。透過將資金分散到不同類別的投資商品，投資人可以降低單一市場或商品帶來的風險，並在波動的市場中找到穩定的收益。

什麼是多元資產配置？

多元資產配置，簡單來說就是把投資組合拆成不同的資產類別，如股票、債券、房地產、外幣與商品等。當某一個市場表現不佳時，其他市場可能有不錯的表現，藉此達到風險分散的目的。

舉例來說，2020 年疫情爆發後，全球股市短期震盪劇烈，但黃金與公債價格卻逆勢上漲，保護了許多投資組合的整體報酬率。

資產配置的三個核心原則

(1) 分散風險：同時持有多種資產，避免單一市場波動影響整體資產。

(2)符合風險屬性:根據自身風險承受度,決定各類資產的比例。年輕人可多投資成長型資產,退休族群則應以穩健收益為主。

(3)持續調整:市場環境與人生階段不同,資產配置也需定期檢視並調整。

▍投資組合的靈活調整

林先生 40 歲時收入穩定,投資組合以股票與基金為主,比例高達 70%。五年後,他決定把部分資金轉向房地產與債券型基金,增加資產的穩健度。這樣的調整,讓他在市場波動時更能安穩應對,也展現了多元資產配置的彈性與韌性。

▍如何打造屬於自己的多元組合?

(1)盤點現有資產:了解自己的投資比重與風險承受度。

(2)設定財務目標:明確的目標有助於決定資產的配置方向。

(3)定期檢視與優化:市場變化快速,建議每半年檢視一次投資組合,視情況做出調整。

第二章　投資理論與實踐：從基礎到進階

> **穩健投資的基礎**
>
> 多元資產配置不只是高階投資人的專利,而是每個人都應該具備的理財素養。當你懂得把資金分散到不同市場,並依據自己的目標與風險屬性持續調整,投資就會成為讓你更安心、更穩健的工具。

第六節
時間的價值 —— 複利與長期投資

在投資的世界裡，複利是一個看似簡單，卻能帶來驚人效果的概念。愛因斯坦曾說：「複利是世界第八大奇蹟。」因為它能讓資產透過時間的累積，滾出巨大的雪球，超出想像的報酬。這一節，我們將從基本概念談起，結合臺灣在地案例與國際視野，並進一步說明如何在生活中實踐複利的威力，讓長期投資真正發揮最大潛力。

複利的基本概念

複利，指的是投資所產生的報酬，再度投入後持續累積的新報酬。簡單來說，複利就是「利滾利」。例如：若你用 10 萬元投資，每年獲得 5% 的報酬，第一年可得到 5,000 元；第二年則是 10 萬 5,000 元的 5%，也就是 5,250 元。雖然差距看似微小，但長期下來卻能累積驚人的資產。

長期投資的力量

長期投資與複利的效果密不可分。根據臺灣投信投顧公會的研究，臺灣投資人若每月定期定額投資 5,000 元，報酬

率 6%，30 年後將可累積近 500 萬元。這證明了，只要善用時間，複利就能為你創造可觀的財富。

小資族的累積故事

王小姐從 25 歲開始，每月將薪水的一部分投入 ETF，剛開始只覺得這是省錢的一種方式。五年後，她發現帳面價值已經超過自己一年的收入。透過不間斷的投資與複利，她的財富在十年後已經翻倍成長，成為買房頭期款的重要來源。

複利的敵人：情緒化與短線思維

複利的前提是持續累積，但許多投資人會在市場震盪時因恐懼賣出，或因短期獲利而急著轉換標的，這些都會中斷複利的力量。學會冷靜應對市場波動，堅守紀律，才能讓複利效應發揮極致。

生活中的複利練習

複利不只是投資的技巧，也是一種生活習慣。例如：

- 持續學習：知識與技能的累積，會像財富一樣隨時間成長。

- 健康管理：每天花 30 分鐘運動，長年累積下來，就是身體健康的複利報酬。
- 良好習慣：記帳、節省開支，都是財務複利的起點。

讓時間成為你的盟友

時間是複利最好的朋友。當你學會與時間為伍，堅持長期投資與紀律執行，財富自由的夢想就不再遙不可及。

第二章　投資理論與實踐：從基礎到進階

第七節
財務目標設定 —— 一步步打造理財計畫

在投資世界裡，財務目標是成功理財的基礎，能夠幫助你理清投資方向、減少迷失。沒有明確的目標，投資就像是盲目開車，隨時可能失去方向。這一節，我們將從財務目標的層次、設定技巧、實務案例，到如何與投資工具結合，協助你建立屬於自己的完整理財計畫。

▎財務目標的重要性

財務目標就像航海時的羅盤，能夠引導你在市場波動中保持穩健前行。當目標明確，投資的方向也會更清楚。許多投資人剛開始只想「多賺一點」，結果每當市場波動或短期利多消息出現時，便被迫改變策略，最後錯失長期收益。

設定目標的最大好處，是能讓你對投資工具與風險承受度有更清楚的認知。例如：想存退休金的人，投資組合要以穩健、穩定現金流為主；而想短期內換房或升學的人，資產配置則應更保守，以確保資金的安全性。

第七節　財務目標設定——一步步打造理財計畫

目標層次與生活結合

目標可分為短期（1 年內）、中期（1～5 年）與長期（5 年以上）。舉例來說：

- 短期目標：清償信用卡債務、建立三至六個月的緊急預備金。
- 中期目標：孩子教育基金、購屋頭期款。
- 長期目標：退休金、財富自由計畫。

臺北的陳先生，三年前決定建立長期退休計畫，每月投資一筆資金到穩定型基金。如今他已經達到第一桶金的目標，信心更強，投資也更加積極。

SMART 原則：讓目標更具體可行

設定目標時，採用 SMART 原則能提高實踐的可行性：

- S（Specific）明確：清楚說明目標內容。
- M（Measurable）可衡量：用數字讓目標更具體。
- A（Achievable）可達成：目標應合理、可執行。
- R（Relevant）相關性：目標與生活、價值觀有關。
- T（Time-bound）有時限：給目標設定期限。

舉例來說：「三年內存下 30 萬元的教育基金」，就比「想要有錢」更明確、更容易執行。

▌家庭投資調整

黃小姐原本只有模糊的「多存錢」目標，直到與理財顧問合作，才明確將目標拆分：

(1) 一年內清償車貸；

(2) 三年內存下第一筆購屋基金；

(3) 十年內達到財務自由。

她根據目標的期限，投資組合從高報酬、高波動的股票型 ETF，調整到穩健型平衡基金與定存，實現更安全與穩定的資產配置。

▌結合投資工具：策略與彈性

有了目標後，關鍵是如何挑選適合的工具。短期目標可用定存、貨幣型基金；中期目標可用債券型基金或平衡型基金；長期目標則可考慮股票、房地產、指數型 ETF 等長期成長性工具。

別忘了，生活變化、家庭狀況不同，投資策略也要保持彈性。每年至少檢視一次財務目標，視生活需求與市場環境調整投資組合。

第七節　財務目標設定──一步步打造理財計畫

財務目標是投資的起點

設定明確且適合的財務目標，不僅是理財的開端，更是實現夢想的基石。當你知道自己在為什麼努力，投資就不再只是短期的買賣，而是為未來人生鋪路的長期計畫。

第八節
讀懂基金與 ETF —— 懶人理財的好幫手

在投資理財的世界裡，基金與 ETF 被譽為「懶人理財」的好夥伴。對於忙碌的上班族或是投資新手而言，這兩種工具提供了一種既省時又相對穩健的投資方式，讓理財變得更簡單。這一節，我們將從基本概念、實際操作到臺灣的投資實務，深入介紹基金與 ETF 的運用方式，並延伸到適合的使用場景與常見錯誤，協助你用好這兩項理財利器，走出屬於自己的穩健投資路徑。

▌基金與 ETF 的基本認識

基金是一種集合眾人資金、由專業經理人管理的投資工具，能讓投資人以相對小的資本參與股市或債市。它可分為股票型基金、債券型基金、貨幣型基金、平衡型基金等多種類型，投資標的豐富。

ETF 則是「指數股票型基金」，在證券交易所掛牌買賣，兼具基金分散投資與股票即時交易的特性。它通常追蹤某個指數（如臺灣 50），是一種被動型投資工具，費用較低，流動性高。

第八節　讀懂基金與ETF—懶人理財的好幫手

▎差異與適合族群

項目	基金	ETF
交易方式	以淨值交易，每日結算一次	可隨時像股票一樣進出場
管理方式	主動型或被動型	多數為被動型
成本結構	可能包含經理費與信託管理費	僅有證交稅與手續費，管理費通常較低
透明度	公布頻率較低，通常季報或半年報	每日公布持股明細與市值

例如：林小姐工作繁忙，選擇定期定額投資基金，交給專業經理人打理；而張先生偏好自行掌握市場脈動，選擇ETF靈活調整投資組合。

▎臺灣市場的基金與ETF應用

根據投信投顧公會2024年調查，臺灣有35％投資人同時配置基金與ETF、另34％僅投資ETF，資產滲透率持續提升。30～50歲族群成為ETF最積極使用者，50歲以上則偏好傳統基金追求穩定配息。此外，臺灣50 ETF、國泰高股息ETF等主流ETF資金規模皆突破4,000億元，充分反映市場對ETF的信任與偏好。

▌基金與 ETF 的靈活運用

陳先生年輕時以定期定額投資基金為主,建立長期資產累積的基礎。隨著收入提升與市場經驗增加,他將部分資金轉為 ETF,運用 ETF 的流動性在市場修正時低接布局,讓整體投資組合更具彈性與報酬潛力。

▌投資實務策略

1. 定期定額,持續累積

不管是基金或 ETF,定期定額都是最穩健的策略,能在市場起伏中平均成本,減少單筆投資的風險。

2. 分散配置,降低波動

將資金分散在不同產業與標的,達到多元化,平衡風險。

3. 掌握投資目標

基金與 ETF 都只是工具,必須與你的投資目標搭配,才能發揮最大效益。

▌常見迷思與錯誤

許多人誤以為基金與 ETF「永遠安全」,事實上,這兩種工具仍受市場波動影響,投資前需先了解自己的風險承受度。

第八節　讀懂基金與 ETF—懶人理財的好幫手

另一個迷思是「跟風熱門商品」，市場上常有熱炒的 ETF 或基金，但這未必適合每個人。投資前應先檢視商品的基本面、長期績效與自己的人生目標是否契合。

選擇適合自己的理財夥伴

基金與 ETF 是投資理財的兩大助力，能在不同人生階段扮演關鍵角色。當你懂得看懂它們的特性、明確自己的需求，並搭配長期投資心態，這些「懶人理財」工具就會成為你理財路上的堅實後盾。

第二章　投資理論與實踐：從基礎到進階

第九節　如何選擇適合的投資商品 ── 打造屬於你的理財藍圖

在理財的世界裡，面對琳瑯滿目的投資商品，如何挑選出真正適合自己的工具，是邁向財富自由的關鍵。這一節，我們將從目標設定、風險評估、商品比較、費用檢視到市場熱門陷阱，搭配臺灣案例與專家觀點，全面性解答「如何選擇適合的投資商品」。

從目標出發：明確定位投資方向

投資前，必須先釐清自己的財務目標。不同的人生階段與夢想，需要不同的投資策略。年輕時，或許你想累積第一桶金；中年時，你可能希望兼顧子女教育與房貸；接近退休時，保值與穩健現金流則成了首要任務。明確的目標，能成為投資決策的羅盤。

例如：黃小姐 30 歲時將目標設定為「10 年內存下購屋頭期款」。她結合每月穩定的薪水收入與投資 ETF，逐步累積資產，最終在 35 歲時實現夢想。

第九節　如何選擇適合的投資商品—打造屬於你的理財藍圖

▌風險承受度：自我認識的關鍵

投資商品的選擇，必須符合自己的風險屬性。風險承受度因人而異，與年齡、家庭責任、職業穩定性等因素有關。根據多項金融調查顯示，年輕投資人普遍更能接受市場波動，並願意嘗試高波動資產，而中老年族群則傾向追求穩定收益。

自我評估風險承受度的方式包括：

◆ 問卷與自我檢核表；
◆ 與理財顧問討論，透過對話挖掘真實的心理界限；
◆ 回顧過去投資經驗，從歷史中找出自己的舒適區。

▌商品多元：股票、基金、ETF、債券與房產

投資商品百百種，每種工具都有不同特性與適用情境。

◆ 股票：高波動高報酬，適合長期、願意承擔波動者。
◆ 基金：由專業團隊管理，適合沒時間研究市場的人。
◆ ETF：交易彈性高、費用低，適合想自行掌控投資節奏的族群。
◆ 債券：收益穩定，波動小，適合風險承受度低者。
◆ 房地產：資金門檻高、現金流穩定，但流動性較差。

第二章　投資理論與實踐：從基礎到進階

陳先生年輕時重壓科技股，雖有驚人報酬，但後來也因科技股下修，遭遇帳面損失。40 歲後，他改採分散投資，股票與債券型基金並行，逐步穩定財務結構。

商品費用與長期影響

許多投資新手只看商品的報酬，卻忽略費用對長期複利的侵蝕。主動型基金常收取 1%～ 2%的管理費，長期下來會明顯拉低淨報酬；而 ETF 多數費用低於 0.5%，對長期投資者較有利。

專家建議，投資前應仔細比較商品說明書（基金公開說明書或 ETF 簡介），並諮詢理財顧問的意見。

市場熱門話題的陷阱

「高股息 ETF」、「AI 概念股」、「航運股狂潮」……每隔一段時間，市場總會出現「必買」話題。但許多人就因盲目追高 AI 概念股，結果遇到短期修正，心態失衡，最後賠了不少。

專家提醒：「熱門話題是資訊參考，但不要成為投資的唯一理由。適合自己的，才是最好的。」

第九節　如何選擇適合的投資商品—打造屬於你的理財藍圖

▎人生階段與商品選擇的調整

林先生在 30 歲時，目標是資本增值，將多數資金放在股票型 ETF。35 歲成家後，考慮孩子教育與房貸，將投資組合調整為股票基金 40%、債券基金 40%、定存 20%。這個例子提醒我們：投資商品沒有永遠的標準答案，必須隨著人生階段與財務需求調整。

> **找到屬於你的投資藍圖**
>
> 投資商品的選擇，是一門結合目標、風險與彈性的藝術。從目標設定、風險屬性、商品特性到市場熱潮，你必須回到「我想要什麼」的初心。當你明白投資的目的是為了實現夢想，而不是追求短期表象，投資路上就會少一些焦慮，多一些從容。

第二章　投資理論與實踐：從基礎到進階

第十節
學會從錯誤中成長

投資之路上，每個成功的投資者背後都有無數次的錯誤與修正。失敗不應該是放棄的理由，而是下一次更聰明決策的基礎。這一節，我們將透過案例與專家見解，深入探討投資失誤的原因與應對策略，從實戰中學習，協助你更成熟、更穩健地走在投資路上。

案例一：科技股熱潮的代價

2022 年，臺灣科技股因 AI 與半導體概念題材而大熱。李先生受到市場情緒感染，投入超過五成資產在台積電與聯發科等熱門標的。短短幾個月內，市場因利多出盡與景氣疑慮下修，科技股大跌近 30%，李先生帳面損失慘重。這次教訓讓他深刻理解，投資不能只追熱潮，必須看長期趨勢與企業基本面。

案例二：忽略風險管理的代價

王小姐在 2021 年進入美股市場，看到科技股快速飆升，賺到第一桶金後大舉加碼。然而，她完全忽略風險管理與分散配置。當科技股泡沫化、股價修正時，她因持股集中在高

風險標的,損失慘重。後來,她學會採取定期定額投資 ETF 的方式,降低短期波動對資產的衝擊。

案例三:房市投資的盲點

許先生過去因房市熱潮,在高點購買高價住宅,結果房價下跌後,壓力倍增。這次經驗讓他深刻理解:資產配置必須與自己的財務能力相符,買房前應該考量長期現金流與負擔能力,而非盲目追求短期漲幅。

共同啟示:錯誤中的投資智慧

從這些案例中,我們可以學到:

(1)過度自信與從眾心理:熱門題材常伴隨高風險,保持獨立思考,理性分析是投資人的首要修練。

(2)缺乏風險管理與紀律:沒有停損點或過度集中,會讓小失誤演變成大危機。

(3)忽略長期規劃:投資不只是「賺快錢」,而是配合人生目標、逐步達成的過程。

專家觀點:化危機為轉機

理財專家指出,投資的關鍵不在於一次賺多少,而在於能否在挫敗中累積經驗。每次的跌倒,都是投資策略的重新校準。

第二章　投資理論與實踐：從基礎到進階

例如：李先生後來改採長期投資臺灣高股息 ETF，搭配國際平衡型基金，讓投資組合更穩健。王小姐則開始每年檢視投資組合，並學會從錯誤中汲取經驗，逐步建立紀律化的操作系統。

> **錯誤是投資旅程的必修課**
>
> 投資世界沒有保證賺錢的神話。關鍵在於：當你跌倒時，能否找到背後的原因、學會調整心態與策略。錯誤是投資最好的老師，當你願意從錯誤中提煉智慧，投資之路就會走得更遠、更穩。

章節回顧

　　本章深入介紹各類投資工具與策略，帶領讀者從財報分析、技術圖表閱讀，到認識行為金融學中的心理偏誤。透過學習時間價值與複利原則，建立長期投資觀念，同時掌握資產配置與財務目標設定的實作技巧。章末則以挑選基金與 ETF 的實例，引導讀者打造個人化的理財藍圖，並學習從錯誤中汲取經驗。

第二章　投資理論與實踐：從基礎到進階

第三章
股票投資初探：
從觀望到入門

第三章　股票投資初探：從觀望到入門

第一節　股票市場基礎概念 —— 入門必備的知識地圖

股票投資，是許多臺灣投資人邁向財富自由的第一步。然而，要在股市中站穩腳步，最重要的起點就是建立對市場的全面認識。這一節，我們完整剖析股票的本質、股市運作機制、不同股票的特色，以及投資人應有的心態，讓你在投資之路上，從觀望走向入門。

▍什麼是股票？

股票，是企業為了籌措資金而發行的憑證。當你買進一檔股票，代表成為這家公司的股東，擁有分紅、表決權與參與經營決策的權利。股票能帶來兩種最主要的收益：

- ◆ 資本利得：當股價上漲時，買進後賣出能賺取價差。
- ◆ 股息與分紅：公司有盈餘時，會把部分獲利分給股東，成為穩定的現金流來源。

因此，股票不只是投機工具，更是參與企業成長、分享經濟成果的重要管道。

股票市場的組成與運作

臺灣股票市場主要由初級市場與次級市場構成：

- 初級市場（IPO）：公司首次對外發行股票，投資人直接將資金投入公司，換取股份。
- 次級市場：投資人彼此之間買賣股票，不影響公司資金，臺灣證券交易所與櫃買中心正是次級市場的主要平臺。

臺灣的證券交易所，是股票買賣的心臟地帶，每天數百億甚至千億的成交量，映照出臺灣人熱衷股票投資的文化。

股票類型：依照權益與性質的差異

股票可細分為不同型態，適合不同的投資目標與風險承受度。

- 普通股：最常見，股東享有表決權、參與分紅。
- 特別股：通常無表決權，但在分紅與資產分配上優先於普通股，適合偏好現金流的投資人。
- 成長型股票：企業再投資比例高，股息可能較少，但長期成長潛力強。

- 價值型股票：股價低於企業真實價值，適合長期投資者。
- 高股息股票：穩定發放股息，提供穩健現金流，深受退休族群與穩健型投資人青睞。

投資股票的三大心態建設

1. 不盲目跟風

股票市場中，短期熱潮常常是風險的溫床。臺灣曾出現航運股、AI 概念股等短期熱炒，許多投資人因為「大家都賺錢」而盲目追高，最後賠錢離場。投資人要學會理性分析產業與公司體質，而不是單純跟隨市場熱度。

2. 長期視野

股價短期波動難以避免，但長期而言，股市仍會反映企業的價值成長。長期持有優質企業，是許多投資達人累積財富的重要策略。以台積電為例，長期投資者通常都能享受到企業成長與股息回饋的雙重紅利。

3. 分散風險

「不要把所有雞蛋放在同一個籃子裡」是投資世界的金科玉律。股票市場變化迅速，單一產業或公司若出現問題，可能造成重創。投資人可透過產業與公司分散，降低系統性風險。

第一節　股票市場基礎概念—入門必備的知識地圖

▍股票市場的實務面觀察

臺灣股市中，電子股長期占成交量比重近七成，反映出臺灣產業結構與出口導向的經濟特色。像是台積電、聯發科等科技龍頭，不只是個股，還牽動著指數與 ETF 表現。

不過，金融股、傳產股（如塑化、鋼鐵）也各有不同的循環與特性。投資前，應根據自身目標與市場週期，做出最適合的產業配置。

> **從基礎認知，邁向投資行動**
>
> 股票投資是參與企業成長的起點，也是財富增值的重要途徑。唯有透過完整的市場知識、正確的心態與持續的學習，才能在股市的風浪中保持穩健，找到屬於自己的投資節奏。

第二節　什麼是股息與分紅 ── 企業回饋股東的方式

在股票投資中，除了賺取股價上漲的資本利得外，穩定的現金流收入也是許多投資人關注的重點。股息與分紅，正是企業回饋股東、分享經營成果的重要方式。本節，我們將帶你深入了解股息與分紅的概念、臺灣市場的特色，以及投資人在應用時應有的心態與策略。

股息與分紅的基本概念

股息是企業將獲利的一部分，以現金或股票形式分配給股東，回饋股東對企業的支持。分紅通常涵蓋股息，但更廣泛，可能包含其他形式的盈餘分配。

股息分為：

- 現金股息：公司直接將現金發放給股東，適合需要穩定現金流的投資人。
- 股票股利：以股票的形式發放，股東實際上持有更多股份，雖然短期內現金流沒有增加，但長期而言有助於放大投資報酬。

第二節　什麼是股息與分紅—企業回饋股東的方式

▌股息殖利率：衡量穩健報酬的指標

股息殖利率＝每股現金股息 ÷ 當前股價。

舉例來說，若一家企業股價為 100 元，配發現金股息 5 元，則股息殖利率為 5％。這個指標幫助投資人快速判斷股票是否提供穩健的現金流。

▌臺灣市場的高股息文化

臺灣投資人偏好穩健現金流，因此高股息股票備受青睞。像台積電、統一超商等藍籌股，長期維持穩定配息，成為小資族與退休族群的最愛。

同時，許多 ETF 也結合高股息概念，如元大高股息 ETF、國泰永續高股息 ETF，吸引了大量追求被動收入的投資人。

▌高股息投資人的心路歷程

林太太退休後以定期定額投資高股息 ETF，每年穩定領取現金股息，成為退休生活的一大支柱。她的經驗告訴我們：股息不只是數字，而是生活中實實在在的收入來源。

迷思與風險：高股息不代表絕對安全

許多人誤以為「高股息就是好股票」，但若公司為了吸引投資人，超出財務負擔配息，可能犧牲未來成長潛力。

例如：部分企業為了維持高配息，卻忽略再投資與研發，長期競爭力下滑，最終股價走弱，反而拖累整體報酬。

投資策略：股息投資的心法

(1) 看企業體質：配息是否有穩定現金流支持，而非短期表面利多。

(2) 結合資產配置：高股息股票適合與成長型股票、ETF 搭配，平衡成長與穩健。

(3) 長期持有與複利效果：穩健的股息收入，配合長期投入，可放大複利報酬。

股息與分紅，讓投資更踏實

股息與分紅，是企業與股東共享成果的重要機制。對投資人而言，學會判斷股息的可持續性、將其與自己的資產配置結合，才能讓投資更穩健、更接近財富自由的目標。

第三節　認識各類股票與交易方式──打造適合自己的投資組合

在股票投資的世界裡，了解各種股票的類型與交易方式，能幫助你更靈活地布局資產，找到最適合自己的策略。這一節，我們將全面介紹臺灣股市常見股票的類型、交易機制與應用，並搭配案例與理財心態的探討，帶你一步步掌握實戰關鍵。

▌股票的不同面向：多樣化的投資選項

1. 產業分類：多樣的經濟結構

臺灣股市中，電子股長期占據超過七成成交量，是全球電子供應鏈的重要一環。除了電子股，還有金融股、傳產股（如塑化、鋼鐵、航運）、觀光餐飲等類股，各有其經濟循環與投資機會。

例如：台積電與聯發科等電子龍頭，受惠全球科技需求；而中鋼、華航等傳產股，則與景氣循環密切相關。金融股如國泰金、富邦金，則長期以穩健配息吸引保守型投資人。

2. 公司規模與股本結構

除了產業分類，投資人也常依公司規模來區分股票：

- 大型股：市值大、流動性高、資訊透明，適合穩健投資。
- 中小型股：波動較大，但也帶來成長潛力，適合風險承受度高的投資人。

例如：電子類股的台積電屬於大型股，而部分生技類股或新創產業，則屬於中小型股，投資時要留意產業與成長性差異。

股票交易的基本方式

臺灣證券市場的交易方式，主要透過集中市場與櫃買市場進行。交易日通常為週一至週五，上午9點到下午1點半。

1. 現股交易

最常見的交易方式。投資人直接以現金買賣股票，風險與收益明確，適合大多數投資人。

2. 融資與融券交易

- 融資交易：投資人向券商借錢買股，放大槓桿，風險也相對增加。
- 融券交易：投資人向券商借股票賣出，預期股價下跌時獲利。這種方式適合經驗豐富、能承擔高風險的投資人。

第三節　認識各類股票與交易方式─打造適合自己的投資組合

股市交易與產業轉折

陳先生 30 歲時全力投入電子股,享受科技股牛市的紅利。然而,他也親身體驗了科技股的劇烈波動。在景氣放緩時,他決定調整投資組合,納入金融與傳產股,分散波動風險,讓整體資產配置更平衡。

這個案例提醒我們:不同類型的股票在市場循環中各有角色,靈活配置與適時調整,是穩健投資的關鍵。

投資心態:從學習到實踐

面對多樣的股票與交易方式,投資人要有開放的學習態度。投資的路上沒有一成不變的標準答案,關鍵在於認識自己的風險承受度與投資目標。

專家建議:

- 分散布局:不要把所有資金放在單一產業或交易方式。
- 持續學習:隨時關注產業趨勢與交易規則,增加市場敏感度。
- 保持彈性:市場瞬息萬變,靈活調整策略,才能降低風險。

第三章　股票投資初探：從觀望到入門

打造適合自己的投資組合

股票市場豐富多元，從產業結構到交易方式，提供了無限的機會。當你懂得區分各類股票的特性，並將它們結合到符合自己目標與風險屬性的投資組合中，投資不再只是追求短期獲利的遊戲，而是一場與自己人生目標結合的長期計畫。

第四節
看懂 K 線圖 —— 入門必學的技術分析

進入股票市場後,無論是想短線交易或長期投資,K 線圖都是一個不可或缺的基礎工具。K 線圖就像是市場的心電圖,記錄著價格的波動與多空力量的角力。本節,我們將從 K 線的基本概念、常見形態到實務應用,並結合臺灣市場的案例,帶你掌握這項必備的技術分析工具。

K 線圖的起源與基本構成

K 線圖起源於 18 世紀日本的米市交易,最早由米商本間宗久發明。後來逐漸成為全球金融市場的標準語言,尤其在亞洲股市中應用廣泛。

每根 K 線包含四個關鍵價位:開盤價、最高價、最低價與收盤價。根據收盤價與開盤價的位置,K 線可分為紅 K(收盤價高於開盤價)與黑 K(收盤價低於開盤價)。紅 K 代表買盤力量強,黑 K 則表示賣壓居上。

常見 K 線形態與意義

1. 單根 K 線的解讀

- 長紅 K／長黑 K：顯示單日多空力道強烈，若伴隨大量成交量，通常有延續趨勢的意味。
- 十字線：開盤與收盤價接近，顯示多空僵持，可能預示轉折。
- 上影線／下影線長：影線的長度反映多空試探過程，長上影線表示賣壓強、長下影線則顯示買盤回補力道。

2. K 線組合形態

- 吞噬形態：一根大 K 線完全包覆前一根 K 線，若發生在下跌或上漲趨勢中，通常暗示趨勢反轉。
- 早晨之星／黃昏之星：由三根 K 線構成，常出現在趨勢底部或高檔，為轉折訊號。

實務應用：K 線圖與趨勢判斷

K 線圖並非單獨存在，常需結合趨勢線、移動平均線與成交量等工具，形成多層次的技術分析。

例如：

第四節　看懂 K 線圖—入門必學的技術分析

- 台積電在 2023 年第二季，K 線連續出現長紅 K，搭配月線上揚與成交量放大，技術面呈現多頭排列。
- 反之，若 K 線組合出現連續長黑 K，並跌破季線支撐，往往是空方力道增強的警訊。

臺灣市場案例

許先生在 2022 年觀察到航運股萬海的日 K 線圖出現「頭肩頂」形態，結合成交量萎縮，他在高檔賣出持股，成功避開後續股價腰斬。這個經驗讓他深刻體會，K 線圖不只是圖表，而是市場心理與資金流向的視覺化呈現。

投資心態：技術分析不是萬靈丹

K 線圖提供的是市場情緒與趨勢的即時觀察，但投資決策仍要結合基本面、產業趨勢與資金規劃。盲目依賴技術指標，容易在市場劇烈波動時迷失方向。

投資專家建議：

- 結合多種工具：K 線圖適合判斷進出場點，但長期投資仍要看企業基本面。
- 保持彈性與紀律：K 線只是輔助，真正的勝負在於是否嚴守紀律、適時調整策略。

第三章　股票投資初探：從觀望到入門

讓 K 線圖成為你的投資助手

K 線圖是投資世界的共同語言，當你懂得解讀 K 線形態與趨勢，再搭配基本面研究與長期目標，股票市場將不再是黑箱，而是一個能被理性掌握與規劃的世界。

第五節　如何選股——從產業到企業的多層面觀察

選股是投資股票最重要的一環,也是許多投資人最頭痛的課題。究竟該如何從茫茫股海中,找到適合自己的標的?這一節,我們從產業到企業、從基本面到技術面,逐步建立一套清晰且有系統的選股邏輯。

▌產業面:景氣與趨勢的把握

好的企業往往出現在有長期成長趨勢的產業中。臺灣以電子業為例,長期受惠全球科技發展,台積電、聯發科等產業領頭羊,就是許多投資人的首選。反之,若產業景氣低迷,企業再優秀也難有亮眼表現。

▌如何觀察產業趨勢?

(1) 全球經濟與區域發展:如 AI、電動車、再生能源等新興產業,都是當前全球關注焦點。

(2) 產業政策與政府支持:例如:臺灣政府近年推動半導體護國神山計畫,讓相關企業更具競爭力。

(3) 上下游鏈結:了解產業供應鏈,能發現真正受惠者,而非只是「跟風題材」。

企業面：基本面的精準分析

在選定產業後，接下來就是挑選企業。企業基本面決定了它長期的穩健度與獲利能力。

企業基本面的核心指標：

- 營收與獲利：穩定成長的營收與持續擴大的獲利，才是長期投資的保證。
- 毛利率與淨利率：反映企業經營效率，台積電長期毛利率超過 50%，顯示強大的競爭優勢。
- 現金流與負債比：穩健的現金流與適度負債，企業抗風險能力更強。

技術面：選股的輔助工具

雖然基本面是長期投資的基礎，但技術面則能協助找出相對合理的進場點。例如：

- 均線與 K 線形態：當股價突破長期均線，且成交量放大時，往往是多方訊號。
- 相對強弱指標（RSI）：若指標低於 30，可能出現超賣機會。

第五節　如何選股—從產業到企業的多層面觀察

▍產業與企業結合的選股故事

黃先生 2021 年時看好全球電動車發展，挑選了臺灣供應鏈中的聚積、貿聯 -KY 等股票。這些企業有明確的成長趨勢與穩健的財報，搭配技術面觀察，他選在回檔整理時分批布局。兩年後，這些股票市值翻倍，成為黃先生投資組合的成長主力。

▍風險管理：別只看好消息

投資股票時，很多人只看報酬，忽略風險。即使是明星產業或企業，也有週期與景氣逆風時。投資前應評估：

◆ 股價是否已反映過度樂觀？
◆ 市場熱門是否只是短期情緒？

有投資人盲目追高 AI 題材，結果高檔買進後遇到市場修正，短期損失慘重。這提醒我們，選股不能光憑「題材」，還要有完整的分析與風險意識。

▍投資心態：長期規劃與彈性調整

選股不是一次性的動作，而是持續檢視與調整的過程。當市場趨勢改變，或產業週期反轉，適時汰弱留強，才能保持投資組合的健康。

第三章　股票投資初探：從觀望到入門

　　理財專家提醒：「投資是一場馬拉松，選股只是起點。唯有紀律與彈性，才能在市場起伏中笑到最後。」

選股是投資智慧的起點

選股既是藝術，也是科學。透過產業趨勢的把握、企業體質的檢驗、技術指標的輔助，再加上不斷學習與修正，才能在瞬息萬變的市場中，找到屬於你的成長機會。

第六節　把握買賣時機 ——
掌握簡單原則，提升獲利機會

在股票市場中，除了選擇優質標的，買進與賣出的時機同樣影響投資績效。這一節，我們將深入探討如何判斷合理的進出場點、掌握簡單的時機原則，並搭配臺灣市場案例，協助你在波動的市場中更有信心與穩健的策略。

▎為什麼買賣時機重要？

股市的波動常讓人感到焦慮，但事實上，市場的起伏提供了「價值再平衡」的機會。買得便宜、賣得高，才能讓投資組合獲得更好的複利成長。

投資專家指出，時機判斷不一定要「抓到最低點與最高點」，而是抓住「合理價值帶」。

▎進場時機：避免追高，找尋合理價值

許多投資人容易在市場熱潮時追高，最後承受短期波動帶來的損失。理想的進場點，通常有以下原則：

- 基本面穩健時回檔布局：若企業獲利穩定，短期股價回檔是低接良機。

- 技術面支撐點：股價回測到長期均線（如季線、半年線）並止穩，是進場的參考依據。
- 市場情緒悲觀時反向思考：恐慌性賣壓往往是長線投資的機會。

出場時機：不貪心，設定合理目標

賣出同樣需要紀律與計畫。專家建議：

- 達成目標報酬時分批獲利了結：設定目標報酬率（如 20%～30%），分批調節，降低回吐風險。
- 技術面轉弱訊號：如股價跌破長期均線或出現明顯頭部型態，應審慎檢視部位。

臺灣市場案例

陳先生長期投資台積電。2025 年初時，他在股價高檔未設定停利點，股價從 1,100 元回檔至 900 元，短期損失超過兩成。學到教訓後，他改採「目標報酬分批賣出」的策略，當股價接近目標價時逐步獲利了結，避免情緒化操作。

量化工具輔助：技術指標與心理指標

(1) 移動平均線（MA）：均線是判斷中長期趨勢的重要依據，股價站穩季線往往有延續力道。

(2) RSI 與 KD 指標：當 RSI 低於 30，市場進入超賣區，可能迎來反彈契機。

(3) 市場情緒指標：如市場恐慌指數（VIX），反向操作常能抓住低點。

不完美也能成功：紀律重於完美

很多人追求「買在最低、賣在最高」，但專家提醒：「沒有完美的時機，只有更好的紀律與調整能力。」

- ◆ 記錄操作心得：每次買賣都記錄理由與結果，找出適合自己的節奏。
- ◆ 保持彈性：市場瞬息萬變，調整策略是生存的必備能力。

投資心態：從恐懼與貪婪到理性

股神巴菲特名言：「別人貪婪時恐懼，別人恐懼時貪婪。」買賣時機的核心，不只是技術，更是能否在市場情緒中保持理性。這也是每個投資人最需要修練的能力。

第三章　股票投資初探：從觀望到入門

> **時機是一種策略，也是一種修養**
>
> 掌握買賣時機，不是追求完美，而是結合基本面與技術面，保持紀律與彈性。當你懂得「何時出手、何時收手」，就能在股市中走得更穩、更遠。

第七節
了解交易成本 —— 別讓手續費吃掉獲利

進入股票投資，許多人只關心如何買進與賣出，卻忽略了交易成本對長期報酬的影響。全面剖析臺灣股市的交易成本結構、投資人常犯的隱性錯誤，以及如何透過小動作提升長期投資效益。

交易成本的組成：手續費與證交稅

在臺灣，每筆股票交易都會產生兩大成本：

- 手續費：支付給證券商的服務費，依券商及折扣而異。
- 證交稅：政府向股票交易課徵的稅費，現行稅率為成交金額的 0.3%。

雖然看似小額，但對於頻繁進出場的投資人，長期累積下來會侵蝕可觀的報酬。

小額手續費也能累積成大負擔

黃小姐熱愛短線操作。平均每月進出場超過 20 次，每次交易金額約 10 萬元。手續費與證交稅加總，年交易成本高達

7萬元以上。雖然單筆看似無感，但長期下來已占她投資報酬的15%以上。

長期投資與低成本的重要性

研究顯示，投資人的最終報酬，往往取決於交易頻率與成本結構。美國研究指出，交易成本每高1%，長期報酬會減少超過20%。這對臺灣投資人同樣適用。

因此，除非有明確理由與策略，避免不必要的短線操作，才能保留更多報酬空間。

如何降低交易成本？

1. 選擇低手續費券商

臺灣證券商手續費從0.1425%起跳，但不少網路券商提供折扣，最低可到0.02%左右。選擇低手續費平臺，是投資人最直接的節省方式。

2. 減少不必要的操作

短線交易看似能把握波段，但頻繁進出容易被市場情緒牽著走。長期投資人，應以基本面與產業趨勢為主，減少不必要的換股與操作。

第七節　了解交易成本─別讓手續費吃掉獲利

3. 配合長期投資計畫

當投資與人生目標結合，能降低因短期波動產生的頻繁交易。例如：退休族群更適合長期持有高股息 ETF，減少交易次數，節省成本。

投資心態：別因小失大

許先生過去喜歡「當沖」操作，但發現手續費吃掉大部分獲利。後來，他學會定期檢視交易紀錄，發現只要將交易次數減半，就能多保留 8% 的年度報酬。這讓他體認到：交易少一點，複利才會多一點。

交易成本是長期報酬的隱形敵人

許多投資人忽略的手續費與稅費，正是投資績效的隱形殺手。當你懂得精打細算、減少頻繁交易，就能在市場起伏中，留住更多的報酬。

第八節
控制風險 —— 投資心理與紀律

在股票投資的世界裡,風險無所不在。無論市場環境多麼樂觀,價格波動與不確定性始終存在。這一節,我們全面深入探討如何控制投資風險,並結合投資心理學與紀律養成,幫助你在市場的浪潮中保持冷靜,穩健前行。

什麼是投資風險?

投資風險,指的是資產價值波動,可能導致虧損或未達到預期報酬。風險來自各種面向:

- 市場風險:整體市場的景氣循環。
- 產業風險:特定產業的榮枯影響。
- 公司風險:個別企業的財務體質與經營狀況。

風險無法完全消除,但可以透過策略與紀律,降低衝擊。

投資心理:認識常見心理陷阱

心理學家丹尼爾‧康納曼(Daniel Kahneman)提出,投資人常因心理偏差,做出非理性的決策。常見心理陷阱包括:

第八節　控制風險—投資心理與紀律

- 損失厭惡：對虧損的恐懼，常讓人過早賣出獲利標的。
- 過度自信：高估自己的選股能力，忽略市場不確定性。
- 從眾效應：因為別人都在買或賣，就盲目跟進，忽略自身的目標與規劃。

投資紀律：建立規則，避免情緒化操作

控制風險，必須從紀律開始。專家建議投資人：

- 設定停損點與目標價：例如股價下跌10%時就先出場，避免小虧變大虧。
- 定期檢視投資組合：每半年或一年，檢視標的表現與市場趨勢，適時調整配置。
- 遵循長期策略：投資應與財務目標結合，而非因短期情緒而改變。

投資人的心態轉折

林先生過去總是想「賺快錢」，頻繁操作。結果在2022年的市場修正中，因無停損紀律，短短三個月內賠掉了三成資產。學到教訓後，他重新調整策略，設定明確停損點，並將投資重心轉向長期穩健的ETF，成功在2025年穩定資產回升。

第三章 股票投資初探：從觀望到入門

▋資產配置：分散是風險控管的第一步

股神巴菲特說：「別把所有雞蛋放在同一個籃子裡。」投資組合的多元化配置，是抵抗單一市場波動最有效的方式。臺灣常見的配置方式：

- 股票＋債券混合配置；
- 產業分散，避免過度集中；
- 海外市場與本地市場的比例調整。

▋心態修練：冷靜、理性與耐心

投資心理專家指出，成功投資者往往具備三種素養：

- 冷靜：不被市場的情緒化波動牽著走。
- 理性：以數據與研究做決策，而非道聽塗說。
- 耐心：相信複利與長期成長，而非短期投機。

風險是投資的常態，紀律是勝出的基礎

股票市場中的風險，永遠存在；但當你懂得透過紀律化的投資規劃、科學化的分析與冷靜的心理修練，投資就能從一場焦慮與恐懼的戰場，變成穩健前行、實現夢想的道路。

第九節　投資股票的常見錯誤 —— 避開陷阱，走得更遠

即使擁有再多理論知識，投資人仍難免在實戰中犯錯。深入剖析臺灣股市投資人的常見錯誤，並搭配案例，幫助你在未來的投資旅程中，少走冤枉路、提升勝率。

▍盲目跟風：市場熱潮的危險

臺灣市場時常出現熱門題材，如航運股、AI 概念股等。許多投資人因媒體渲染與社群討論而盲目跟進。

2024 年 AI 題材引爆，王小姐在高點買進某 AI 概念股，股價短期翻倍後，她仍認為「永遠會漲」，最終在股價回檔超過三成時，她慌張出場，損失了三分之一的本金。這提醒我們：市場熱潮下，冷靜分析基本面與評估風險，永遠比跟風重要。

▍沒有停損紀律：小虧變大虧

停損紀律，是控制風險的基本功。許多投資人「捨不得賣」，最終錯過最佳出場點。

陳先生 2023 年投資某電動車概念股，股價從 200 元跌到 150 元仍未停損，最後跌到 100 元，帳面損失擴大，心態更

難以冷靜。

專家提醒：事先設定停損點（如跌幅 10%）並嚴格執行，是長期生存的關鍵。

資金過度集中：雞蛋都在一個籃子

單一產業或標的的重壓，遇到市場逆風時風險巨大。

林先生將大部分資金投入半導體股，2022 年景氣下滑時，整體市值腰斬。後來，他分散配置部分資金到金融股與高股息 ETF，整體投資更穩健。

情緒化操作：恐懼與貪婪的陷阱

股市波動，容易引發人性弱點。當市場崩盤時，恐懼讓投資人賣在低點；當市場狂漲時，貪婪讓人追高。

解方：建立投資紀律，善用定期定額、長期持有，能減少情緒化操作的影響。

忽略總體經濟與產業趨勢

再好的公司，也無法抵抗產業週期與景氣循環。許多投資人只看技術面，不關注基本面，容易在市場轉折時措手不及。

第九節 投資股票的常見錯誤—避開陷阱，走得更遠

建議：搭配產業趨勢、全球經濟脈動，讓你的投資更具全局觀。

> **從錯誤中提煉智慧**
>
> 投資沒有完美的劇本，只有在錯誤中學會修正、累積經驗，才能持續進化。當你懂得避免常見錯誤、保持彈性與紀律，投資就能從恐懼與焦慮中，成為實現夢想的長期工具。

第三章　股票投資初探：從觀望到入門

第十節 從零開始投資

股票投資不只是一門理財知識，更是一段關於勇氣與智慧的旅程。這一節，我們將透過一批人從零開始投資的故事，深入解析他們如何克服心魔、養成紀律，最終在股市中站穩腳步。這不僅是他們的故事，也可能是每位投資人自己的故事起點。

▎故事一：小資族的第一桶金

林小姐，27 歲，月薪不到 4 萬元。她從 2021 年開始接觸投資，起初只是因為朋友一句「再不開始永遠來不及」。

一開始，林小姐只用每月 5,000 元定期定額投資 ETF。她每天記帳、學習基本面分析，面對市場震盪，她學會「不看短期虧損，專注長期」。三年後，資產翻倍，也給她更多選擇與信心。

▎故事二：兼職大學生的耐心布局

張同學利用課餘時間兼職，將賺來的一半收入用於投資。2023 年股市大跌，他學到「不要追高、不要恐慌」，改用小額分批進場，搭配閱讀財經書籍與新聞，慢慢累積實戰經驗。

如今，他不只累積了數十萬元資產，更學會了財務規劃的重要性。

故事三：創業失敗後的重生

陳先生 30 歲時曾經創業失敗，負債累累。2024 年，他決定從股票投資重新站起來。從最小單位開始，學會控管風險、分散產業與設定紀律。兩年後，他用股票獲利還清貸款，重拾自信。

共通心態：從小額開始，從學習開始

這些人的故事告訴我們：投資從來不必一開始就投入大筆資金。重要的是：

- 勇於開始：不被恐懼或市場雜音阻礙。
- 持續學習：不斷汲取新知識，與市場共進化。
- 遵循紀律：不因短期波動而偏離長期計畫。

你的投資起點，從現在開始

投資股票不是富人的遊戲，而是每個願意行動、願意學習者的機會。不要害怕一開始的小額與試驗，因為複利與堅持，終將讓你站在更高的起點，邁向夢想中的未來。

第三章　股票投資初探：從觀望到入門

章節回顧

　　本章以淺顯方式解釋股票市場的運作機制，介紹股息、分紅、K線圖等基礎概念，並比較不同類型股票與交易方式的特性。透過實用的選股原則與交易時機分析，幫助讀者理解如何控制風險、避開常見地雷，建立入門投資者所需的基本技能與心理素養，踏出從零開始投資的第一步。

第四章
債券、儲蓄與基金：
穩健理財的關鍵

第四章　債券、儲蓄與基金：穩健理財的關鍵

第一節　為什麼需要穩健投資？──建立財務安全感的第一步

在投資世界裡，許多人都夢想高報酬，但往往忽略穩健投資的重要性。穩健投資不只是追求穩定報酬，更是建立財務安全感、減少風險的基石。這一節，我們帶你了解為什麼每個人都需要穩健投資，以及如何透過它打造屬於自己的理財藍圖。

穩健投資的核心理念

穩健投資，指的是在追求資產增值的同時，將風險控制在可接受範圍內。它不是放棄成長，而是尋求在風險與報酬間找到平衡點。對多數投資人而言，穩健投資意味著：

- 分散風險：不要把資金全部壓在單一股票或市場。
- 保有資金彈性：遇到緊急狀況時，仍有足夠的流動資金應對。
- 追求合理報酬：不貪圖極端高報酬，而是希望獲得可持續、可預測的增長。

第一節　為什麼需要穩健投資？─建立財務安全感的第一步

▌為什麼每個人都需要穩健投資？

1. 市場的不確定性

無論是股市、房市，還是其他投資市場，都存在著不可預測的波動。2020年新冠疫情爆發、2022年國際地緣衝突，都曾讓市場大起大落。這些風險不是小資族才能迴避的，而是所有投資人都必須面對的現實。

2. 人生的不確定性

除了市場風險，每個人都可能面對突發狀況：失業、疾病、家庭責任等。穩健投資能在面對這些變數時，提供更大的彈性與安全感。

3. 財富的長期目標

投資不是一場短跑，而是長跑。穩健投資雖然短期內報酬看似不如高風險投資，但在時間的累積下，反而能透過複利效應創造更穩定的成長。

▌臺灣市場與穩健投資的結合

在臺灣，許多投資人偏好高股息股票、債券型基金與定存，正是希望在追求收益的同時，保持風險的可控範圍。金融機構的調查也顯示，越接近退休年齡的族群，越偏向穩健型商品，說明穩健投資不只是理財手段，更是人生階段的重要選擇。

第四章　債券、儲蓄與基金：穩健理財的關鍵

▎穩健投資的力量

林太太退休後每月依賴債券型基金配息，雖然報酬率不如股票型基金，但她強調：「穩定才是關鍵，能安心睡覺最重要。」三年後，這筆投資穩定成長，讓她不必擔心市場短期波動。

▎如何開始穩健投資？

（1）盤點現有資產：了解自己的財務狀況，設定風險承受度。

（2）設定目標：短期現金需求與長期成長目標都要兼顧。

（3）選擇合適工具：如債券、基金、定存等，搭配自己的人生目標與財務狀況。

穩健投資是理財的起點

穩健投資，不代表放棄機會，而是用更全面的視角看待資產配置。當你懂得把穩健投資當作理財的基礎，你會發現，投資不再只是追求短期刺激，而是邁向財富自由與生活安心的起點。

第二節
債券投資入門 —— 安全收益兼顧

在穩健理財的策略中,債券投資往往扮演著穩定的基石角色。不同於波動劇烈的股票市場,債券以「固定收益」為號召,提供投資人更安全、可預期的報酬。這一節,我們將深入解析債券的本質、臺灣市場的案例,並分享如何靈活運用債券打造穩健理財的基礎。

什麼是債券?

債券,本質上是「借據」。當企業或政府需要資金時,會向投資人發行債券,承諾在一定期間內支付固定利息(票面利率),到期後歸還本金。投資人就像是「債權人」,而發行債券的單位則是「債務人」。

這種結構,讓債券投資同時兼顧了兩大特點:

◆ 穩定性:因為利息是事先約定好的,即使市場波動,債券依然能提供固定的現金流。
◆ 可預測性:到期日與利息明確,適合需要穩健收入來源的投資人。

第四章　債券、儲蓄與基金：穩健理財的關鍵

▌臺灣市場的債券版圖

臺灣債券市場蓬勃發展，常見的投資管道包括：

- ◆ 政府公債：由政府發行，信用風險極低，是穩健投資人的首選。
- ◆ 公司債：企業發行，利率通常高於政府公債，但須評估企業的信用狀況。
- ◆ 可轉換公司債（CB）：結合債券與股票的優勢，可在特定條件下轉換成股票。

此外，臺灣投資人也可透過債券 ETF 與債券型基金參與國際債券市場，如美國公債、新興市場債等，進一步分散風險、增強收益來源。

▌債券的投資優勢

1. 穩定的現金流

對於需要穩定收入的族群（如退休族群），債券的固定利息能提供安全感。王先生在退休後，將資產配置部分轉為債券型基金，確保每月領取穩定配息，讓退休生活更有保障。

2. 分散投資風險

「不要把所有雞蛋放在同一個籃子裡」，債券與股票的價格波動通常呈負相關。當股市下跌時，債券往往能相對穩定，降低整體投資組合的風險。

3. 彈性滿足不同目標

年輕人可以透過股債配置，兼顧成長與穩健；中年人則可逐步增加債券比例，降低投資組合波動；退休族群則偏向以債券作為現金流來源，滿足生活開銷。

▍穩健投資的實踐

林太太原本全數資產投入股市，卻在 2022 年股災中慘遭重創。後來，她學會將資產部分轉入公債與公司債基金，並搭配定期定額策略，三年後不僅穩定獲得配息，總資產也回到疫情前的水準。她說：「債券雖然報酬率沒有股票高，但讓我安心睡覺，最重要。」

▍如何開始投資債券？

1. 認識風險屬性

政府公債雖安全，但利率較低；公司債報酬較高，但要評估企業信用風險。

2. 挑選適合的管道

債券 ETF、債券型基金，或直接買進債券，各有優劣，依自身需求選擇。

3. 持續追蹤市場

債券價格也會因市場利率波動而變化，定期檢視投資部位，才能與時俱進。

▍債券投資的潛在風險

別被「穩健」兩字迷惑，債券投資也有風險：

- 信用風險：企業或政府違約的可能性。
- 利率風險：當市場利率上升，債券價格下跌。
- 流動性風險：部分債券成交量小，可能賣不掉或價格不佳。

投資人應了解這些風險，並透過分散配置、挑選信評高的債券，來降低衝擊。

債券是穩健理財的根基

債券不是萬靈丹，但它是穩健理財中不可或缺的一塊。從政府公債的安全、公司債的收益，到可轉換

第二節　債券投資入門─安全收益兼顧

債券的靈活性，債券能幫助你在投資組合中找到平衡點。當你理解了債券的特性、優勢與風險，下一步，就能更有信心地做出資產配置的選擇。

第三節　儲蓄習慣與高利定存 ── 穩健理財從小處做起

許多人認為投資理財總是與股票、基金等高風險市場息息相關，卻忽略了「儲蓄」這個穩健理財的基本功。儲蓄不只是存錢，而是建立財務安全網的重要步驟；而高利定存，則是將閒置資金靈活運用、達到穩健增值的一種策略。本節將深入探討儲蓄習慣的力量與高利定存的運用，讓理財之路更穩健、更安心。

▍儲蓄的重要性：財務安全的第一道防線

儲蓄不只是為了應付未來支出，更是保障面對突發狀況時的底氣。專家指出：「先學會儲蓄，才有資格談投資。」因為沒有穩固的資金基礎，任何投資策略都可能面臨資金斷裂的風險。

1. 財務目標與儲蓄習慣的連結

從生活中的小處開始儲蓄，例如：

- ◆ 每月收入的 10%〜20% 作為「財務安全金」；
- ◆ 設定短期目標：如旅遊基金、進修基金；
- ◆ 設定長期目標：如退休金、房貸頭期款。

這些目標,不僅幫助儲蓄更有方向,也讓理財行動更具意義。

2. 培養自動化儲蓄的習慣

許多人在儲蓄上最常見的錯誤,就是「看剩多少再存」。其實,最好的做法是「先存再花」:將每月收入中固定比例自動轉入儲蓄帳戶,避免被其他開銷吃掉。

陳小姐剛進入職場時,每月先把20%收入設定為自動轉帳定存,幾年下來,累積了一筆足夠應對生活變故與進修的資金,讓她能更安心規劃未來。

▍高利定存:讓資金閒置時不閒著

高利定存,指的是銀行或金融機構在特定時期提供的較高利率定期存款,通常利率高於一般定存,期限從數個月到數年不等。

高利定存的優勢

- 穩定收益:雖無法與股市收益相比,但能穩定提供安全的利息收入。
- 低風險:由金融機構保證本息,風險低。
- 彈性多元:不同銀行提供多樣化的定存方案,可根據自身資金流動性需求選擇。

第四章　債券、儲蓄與基金：穩健理財的關鍵

黃先生在股市波動劇烈的時期，將部分資金轉為一年期高利定存，鎖定3%的年利率。雖然報酬不如股票，但讓他在市場不穩時仍有一份穩定收入。

注意事項：利率高≠完全無風險

高利定存雖然穩健，但也要留意：

- 提前解約的損失：大部分高利定存提前解約會有利息損失。
- 通膨侵蝕購買力：長期下，定存報酬可能低於通膨率，需與其他投資工具結合。

結合儲蓄與高利定存，打造穩健財務藍圖

儲蓄與高利定存，適合與其他投資工具（如債券、基金）搭配，形成多層次的理財結構。

例如：

- 緊急預備金：放在高利定存或高流動性貨幣型基金。
- 中期目標：用定期定額方式結合基金與定存，兼顧成長與穩定。
- 長期目標：適度配置在股債與定存間，達到風險平衡。

第三節　儲蓄習慣與高利定存—穩健理財從小處做起

▌心態修練：穩健是長期致勝之道

臺灣不少投資人因短線投機而忽略穩健理財的重要，結果在市場波動時心態崩潰。透過養成良好的儲蓄習慣與高利定存搭配，能讓投資組合更穩固，減少情緒起伏。

李太太 2022 年疫情期間，因持有一筆高利定存，讓她即使收入暫時受挫，生活依然安穩。這就是穩健理財帶來的心理與實際安全感。

小步累積，換得長期安心

儲蓄與高利定存，乍看平淡無奇，卻是穩健理財的根基。從小處做起，養成儲蓄習慣，搭配高利定存，讓你的財務基礎更扎實、投資決策更從容。

第四節
理解基金 —— 共同投資的優勢

在穩健理財的版圖裡,基金扮演著不可或缺的角色。它不僅幫助投資人分散風險,更讓時間有限、資金規模較小的人,也能參與市場成長的機會。本節我們將從基金的概念、類型到臺灣市場的發展,全面剖析基金的優勢與應用,並分享案例與操作技巧,讓你在理財路上更有方向與信心。

▌什麼是基金?

基金,簡單來說,就是一群投資人把資金集合起來,由專業經理人負責管理,投資於股票、債券或其他金融商品。這種「共同投資」模式,讓投資人即使資金不多,也能透過專業團隊的力量,達到分散投資與專業管理的效果。

▌基金的主要類型

(1)股票型基金:資金多投入股票市場,報酬波動較大,適合成長型投資人。

(2)債券型基金:以債券為主,風險較低、收益穩定。

(3)平衡型基金:同時投資股票與債券,兼顧收益與風險平衡。

第四節　理解基金─共同投資的優勢

(4)貨幣型基金：類似高流動性的定存，安全性高，適合作為資金停泊站。

此外，ETF（指數股票型基金）也是一種基金，具有盤中交易彈性、費用低廉的特點，越來越受到臺灣投資人的青睞。

▎基金的優勢

1. 分散風險

單一投資標的風險高，基金通常持有數十檔甚至上百檔標的，幫助投資人分散市場波動風險。

2. 專業管理

基金經理人具備豐富的市場經驗與研究團隊，能根據市場變化靈活調整投資組合，投資人無需時時盯盤。

3. 進入門檻低

多數基金每月定期定額三千元起就能參與，適合資金有限或剛起步的投資人。

4. 提供不同市場的參與機會

臺灣市場、全球市場、新興市場 —— 基金讓投資人輕鬆跨足多元市場，追求更多元化的報酬來源。

第四章　債券、儲蓄與基金：穩健理財的關鍵

▌小資族的基金旅程

張小姐剛出社會時資金有限，從每月三千元的定期定額股票型基金開始。雖然起初覺得報酬有限，但隨著時間與複利累積，十年後已經累積下人生第一桶金。她說：「基金讓我體驗到，投資不必大富大貴才能開始。」

▌基金操作的實務技巧

（1）定期定額，長期累積：避免一次進場的風險，平滑市場波動。

（2）定期檢視，適時調整：每半年檢視一次基金績效與配置，根據生活階段與市場變化微調。

（3）搭配目標，分散配置：不同基金適合不同目標（退休、教育、購屋基金），不應只壓在單一市場或產業。

▌基金投資的迷思與風險

（1）不是零風險：基金淨值會隨市場波動，仍有虧損可能。

（2）費用結構需注意：管理費、手續費等都會影響長期報酬。

第四節　理解基金——共同投資的優勢

基金,穩健理財的強力後盾

基金就像是一把多功能工具,能同時解決分散風險與資產成長的難題。當你懂得挑選適合的基金,並搭配自身目標與風險承受度,基金不只是理財的工具,更是邁向財務自由的重要推手。

第四章　債券、儲蓄與基金：穩健理財的關鍵

第五節
定期定額 —— 小額投資的力量

在穩健理財的世界裡，「定期定額」是一項被許多專家與投資人推崇的策略。它不需要大筆資金，也不必精準預測市場高低點，卻能在長期累積中，逐步幫助投資人累積可觀的財富。本節我們將深入探討定期定額投資的運作原理、優勢、實務案例與風險控制，讓你看見小額投資如何成就大未來。

▎什麼是定期定額？

定期定額，指的是在固定的時間（如每月、每季），以固定金額買進同一個投資標的（如基金、ETF）。這種方式透過紀律性的投入，分散市場波動風險，長期下來累積更多投資部位。

舉例來說，若你每月投資三千元到股票型基金，不論市場高低，固定投入。當市場下跌時，同樣的金額買進更多單位，市場上漲時則累積更多資產。

第五節　定期定額—小額投資的力量

▌定期定額的三大優勢

1. 分散風險，平滑波動

市場價格有高有低，定期定額的「成本平均效果」能讓投資人不需擔心「一次買進時點是否正確」。長期而言，這能有效平滑市場高低起伏的風險。

2. 紀律投資，避免情緒化

許多投資人因市場波動而情緒起伏，追高殺低。定期定額則建立起投資的紀律：無論市場好壞，堅持固定投入。這種堅持，讓人不再被短期情緒左右。

3. 小額投資，輕鬆開始

對於年輕族群與小資族而言，定期定額門檻低（許多基金每月三千元起），不需大筆資金即可參與市場，長期累積資產與經驗。

▌平凡人創造不凡的理財故事

王小姐 25 歲時月薪三萬元，每月從薪水中挪出三千元定期定額投入臺灣 50 ETF。剛開始時，她的資產起伏不大，但經過十年後，透過市場的成長與複利效果，累積出超過百萬元的投資部位，改變了她的人生規劃。

第四章　債券、儲蓄與基金：穩健理財的關鍵

▎如何開始定期定額？

（1）選擇適合的標的：如高股息 ETF、平衡型基金，或與長期目標相符的投資工具。

（2）設定合理金額：量力而為，不影響生活基本開銷。

（3）保持紀律：堅持每月投入，不因短期市場波動而中斷。

（4）定期檢視：每半年檢視標的表現，視需求微調金額與標的配置。

▎風險與心態管理

定期定額不是萬靈丹。若投資的標的基本面惡化，長期投入可能仍面臨虧損。因此：

- 選標的要謹慎，考量產業趨勢與企業財務體質；
- 投資心態要健康，長期投入不等於「永遠不看盤」，而是理性檢視與調整。

小步慢跑，累積人生財富

定期定額就像是一場財富的馬拉松，不在乎短期的起跑速度，而是看誰能夠持續跑得更遠。當你懂得

第五節　定期定額—小額投資的力量

以小額、長期與紀律,搭配合適的投資標的,這種「慢但穩」的力量,將成為你面對未來生活變化最堅實的後盾。

第四章　債券、儲蓄與基金：穩健理財的關鍵

第六節　債券與基金的風險管理 ── 穩健理財的守門員

投資總帶著風險，尤其是當我們將債券與基金納入理財組合時，更需要以正確的觀念與方法進行風險管理。這一節，我們將從風險的本質開始，帶你認識如何在債券與基金投資中守住財富的根本安全，讓穩健理財更有保障。

理解風險的本質

風險，不是壞事，而是投資報酬的另一面。換句話說，沒有風險就沒有報酬。債券與基金看似穩健，仍有其潛在風險：

- 市場風險：股市波動會影響基金淨值，利率變化會衝擊債券價格。
- 信用風險：企業或政府可能無法履行還款義務。
- 流動性風險：特定時期內，資產可能難以以理想價格變現。

債券投資的風險管理

1. 評估信用風險

投資債券前,應觀察發行人的信用評等。政府公債通常信用等級最高,企業債則須特別檢視公司財務結構與產業景氣。

2. 留意利率風險

利率上升會讓債券價格下跌。臺灣近年利率變化頻繁,投資人要衡量自身的資金需求與持有期,避免在利率高漲期購買長天期債券。

3. 分散投資標的

不要將所有資金壓在單一債券或單一產業,透過債券型基金或 ETF 分散標的,降低單一債務違約帶來的衝擊。

基金投資的風險管理

1. 認識基金類型的風險屬性

股票型基金、平衡型基金、債券型基金,風險各異。投資前,應評估自己的風險承受度與投資目標,挑選合適的基金類型。

2. 分散投資標的與產業

單一基金可能集中在某產業或區域,若過於集中,當地經濟或產業變動會影響報酬。可搭配多檔基金,涵蓋不同產業與市場,分散風險。

3. 定期檢視,隨時調整

市場趨勢與自身需求會改變,投資組合也該定期檢視與調整。建議每半年檢視一次,保持與自身目標一致。

▍分散與紀律的力量

張先生 2022 年投入科技股基金,遇到產業修正,淨值一度下跌三成。幸運的是,他同時配置債券型基金與高股息 ETF,整體組合僅小幅下修。這讓他明白,分散與紀律,是穩健投資的守門員。

▍投資心態:接受風險,管理風險

投資人應有的心態是「接受風險,並用策略去管理」。債券與基金雖穩健,但仍有市場風險。關鍵在於:

- ◆ 認清風險來源:搞清楚自己投入的資產類型特性。
- ◆ 擬定計畫:設定風險可容忍範圍與停損機制。
- ◆ 保持冷靜:市場波動時,不盲目跟風、也不恐慌賣出。

第六節　債券與基金的風險管理—穩健理財的守門員

風險管理是穩健投資的靈魂

債券與基金是穩健理財的好工具,但若忽略風險,穩健也可能變成傷害。當你懂得在投資前評估信用、利率、流動性等風險,並用分散與紀律做守門員,就能在市場波動中穩穩站住腳步。

第四章　債券、儲蓄與基金：穩健理財的關鍵

第七節　如何選擇合適的儲蓄工具 —— 打好理財安全網

在理財的世界裡，儲蓄工具往往被忽視，但卻是打下穩健基礎不可或缺的關鍵。選擇適合自己的儲蓄工具，能為未來的不確定性提供保護，並在需要時提供資金彈性。本節，我們將從基本認知到實際操作，帶你一步步建立屬於自己的理財安全網。

▍為什麼需要儲蓄工具？

儲蓄不只是「把錢存起來」，而是讓資產在安全與增值間取得平衡。對多數人而言，適合的儲蓄工具能：

◆ 應付突發狀況，如醫療、失業或其他緊急支出。
◆ 提供安全感，避免在市場波動中情緒化操作。
◆ 累積未來大筆支出所需的資金基礎，如教育、購屋或退休。

▍臺灣常見的儲蓄工具

1. 定期存款

銀行定期存款是最傳統、也是最安全的儲蓄工具。雖然利率相對不高，但本金安全，適合做為緊急預備金。

2. 高利定存與外幣定存

為了吸引資金,銀行有時會推出高利定存專案或外幣定存。林小姐將部分資金投入一年期高利定存,年利率達到 3%,作為現金流與短期投資兼顧的選擇。

3. 儲蓄型保單

部分人會透過儲蓄型保單,兼顧保障與資金累積。這類工具強制儲蓄,但需留意保單的解約限制與費用結構。

4. 貨幣型基金

流動性高、波動低,適合作為短期資金停泊站,靈活應對資金需求。

選擇儲蓄工具的考量重點

1. 目標與期限

短期目標(1～3 年):安全性與流動性高的工具較適合。

長期目標(5 年以上):可適度搭配成長型工具,如定期定額基金,兼顧穩健與增值。

2. 風險與報酬平衡

儲蓄工具不應盲目追求高利率，而是要考量自身風險承受度與市場環境。

3. 彈性與便利性

靈活度高的工具，能在緊急時刻迅速應變，避免陷入資金斷裂的窘境。

▎選對工具，穩健累積財富

王太太過去把資金全部投入股票市場，卻在市場波動時感到壓力巨大。後來，她改以高利定存做基礎，並搭配每月定期定額基金投資，讓投資組合既有穩健的現金流，也有資產成長的機會。

▎避免常見的選擇陷阱

許多投資人選擇儲蓄工具時，只看利率高低，卻忽略了：

- ◆ 流動性：高利率工具可能有較長綁約期。
- ◆ 費用與稅務：部分儲蓄型保單或外幣定存，可能有額外的手續費或稅負。

◆ 目標契合度：工具不一定適合每個人的需求，應回到自身財務目標檢視。

儲蓄是理財的起點，也是安全網

合適的儲蓄工具，能為你打造一張穩固的財務安全網，抵禦生活與市場的不可預測。

第四章　債券、儲蓄與基金：穩健理財的關鍵

第八節　理財目標與儲蓄規劃 ── 從夢想到實現的路

在理財的世界裡，沒有目標的儲蓄與投資，就像沒有地圖的航行，容易迷失方向。儲蓄不只是為了存錢，更是為了實現一個個與生活緊密相關的財務目標。本節，我們將深入剖析如何設定理財目標，並將儲蓄規劃納入日常生活，為夢想奠定穩健基礎。

▌為什麼理財目標這麼重要？

理財目標就像航海時的燈塔，指引投資人從現在到未來。當你明確目標，理財決策才不會隨市場起伏而動搖。

1. 目標讓理財更具方向感

短期目標（1～3年）：旅遊、緊急預備金、進修基金等。

中期目標（3～5年）：結婚基金、購車金、育兒支出等。

長期目標（5年以上）：購屋基金、退休金、子女教育基金。

這些目標，能讓投資人清楚知道每筆錢的用途與安排優先順序。

2. 目標讓理財更有動力

當理財不再只是「為了賺更多錢」,而是為了家人、夢想與生活質感,儲蓄與投資的動力會更加堅定。

▋ 如何設定適合自己的理財目標？

(1)具體化目標：如「三年後存到 30 萬元的旅遊基金」,而不是模糊的「想多存點錢」。

(2)可衡量與可達成：設定明確的金額與期限,並結合自身收入與生活開銷。

(3)彈性與調整：生活中難免有變數,定期檢視目標是否仍符合現況。

▋ 儲蓄規劃：從目標到行動的橋梁

理財目標一旦明確,下一步就是把它轉化成具體的儲蓄規劃。以下是常見的規劃步驟：

1. 分配收入比例

財務專家建議,最基本的分配原則是「50/30/20」法則：

- ◆ 50％：日常生活開銷。
- ◆ 30％：享樂與彈性支出。
- ◆ 20％：儲蓄與投資。

當目標更清晰時，這個比例可彈性調整。例如：想加快達成購屋目標，就可把享樂支出縮減至 20%，提高儲蓄比例。

2. 選擇合適的儲蓄工具

如短期目標適合高流動性工具（定存、貨幣型基金）；長期目標可考慮定期定額基金或股票型 ETF，搭配高利定存穩定基礎。

3. 定期檢視與滾動調整

張先生三年前設定了「五年內存到 100 萬元頭期款」的目標，每月自動轉帳一筆定存，並逐步搭配債券基金。當收入增加後，他又將定期定額金額提高，讓目標提前達成。

用目標驅動行動

林小姐曾因「不知道為什麼要存錢」而總是花光收入。後來，她為了圓夢出國進修，設定了兩年內存下 40 萬元的計畫。透過每月自動轉帳與自我檢核，她不但順利達成目標，也建立起理財的信心。

避免迷失：理財與目標必須同步

很多人明明有理財目標，卻因執行過程中被市場情緒干擾而放棄。例如：看到同事短線炒股獲利，就想「改變策

第八節 理財目標與儲蓄規劃—從夢想到實現的路

略」。這提醒我們：

- 目標才是理財的主軸，市場短期波動只是過程。
- 投資組合應與目標相符，而非盲目追求「誰賺最多」。

目標是行動的動力，也是信心的基礎

設定清楚的理財目標，並將儲蓄規劃融入日常，是邁向財務自由的基礎。當你知道每一筆錢的用意，投資決策不再盲目，而是更接近實現夢想的道路。

第四章 債券、儲蓄與基金：穩健理財的關鍵

第九節
低風險投資，穩健累積的實戰故事

在許多人的印象中，投資往往與高風險、高報酬劃上等號。但其實，許多臺灣投資人透過低風險投資策略，依然能在市場變動中穩穩累積資產。本節，我們以分享幾位低風險投資人的故事，並從他們的經驗中提煉出理財的關鍵心法，幫助你在自己的投資旅程中少走彎路，走得更穩健。

案例一：退休族群的安心現金流

林太太 55 歲退休後，曾在股市大起大落中嘗過甜頭，也吃過苦頭。退休後，她不再追求高風險的投機，而是把近七成的退休金放入政府公債基金和債券型 ETF，穩定領取配息，剩餘的資金用來生活開銷和偶爾旅遊。

林太太說：「退休後，生活無憂最重要。我不想天天看股價心驚膽跳，穩穩領息、穩穩過日子，才是我要的投資方式。」她的案例提醒我們，投資策略應隨人生階段調整，讓理財更貼近生活需求。

第九節　低風險投資，穩健累積的實戰故事

▋案例二：小資族的定期定額力量

陳小姐 27 歲剛出社會，薪水不高，每月僅能存下 5,000 元。她選擇用定期定額的方式投資債券型基金和高股息 ETF。雖然報酬率不如單一股票的飆漲，但她說：「我知道自己不是投機高手，穩穩投資，時間長了就會看到差別。」

三年後，陳小姐已累積了超過 20 萬元的資產，為未來結婚、買房奠定了初步基礎。

▋案例三：企業主的資產配置智慧

許先生經營一間小型企業。過去他專注於本業經營，投資股票總是心態浮動。後來，他請理財顧問幫忙，將部分盈餘投入公債 ETF 與貨幣型基金。

許先生說：「我更專注在企業經營上，理財上只求安全穩定。這樣的安排讓我在本業與理財都更安心。」他的故事告訴我們，低風險投資不只適合一般投資人，更是企業主、專業人士在事業發展中平衡資產的重要一環。

▋共同的成功心態：穩健不代表慢

這些案例中的主角，雖然追求的是低風險投資，但他們共同的心態是：

第四章　債券、儲蓄與基金：穩健理財的關鍵

- ◆ 不貪心：懂得見好就收，不執著於市場短期飆漲。
- ◆ 耐心等待：相信時間會給予複利力量，而非急功近利。
- ◆ 理性檢視：定期檢視資產配置，確保與人生階段相符。

穩健理財，讓人生更踏實

從這些案例可以看見，投資不是只有「暴富」與「失敗」兩種結果。低風險投資，雖然不會帶來驚人的短期報酬，卻能在時間的累積下，給予你生活的安全感與資產的穩定成長。

第十節　搭配生活的理財術 ── 把投資變成生活的好習慣

理財，並非只有數字與報酬，而是與每個人的生活緊密相連。穩健的理財習慣，應當自然融入日常生活，而非成為額外的負擔或焦慮來源。本節，我們將帶你探索如何把理財落實到生活的每一處，從小習慣到大策略，讓「理財」不再只是投資高手的專利，而是每個人都能做到的生活智慧。

▋理財，不只是「錢」的事

許多人以為理財就是賺更多錢、買進股票或房地產，但真正的理財，應該是幫助你：

- 實現生活目標：無論是買房、旅遊還是創業，資金安排都至關重要。
- 減少生活壓力：有穩固的財務基礎，遇到困境時不至於恐慌。
- 提升生活品質：有目標地累積財富，讓每一筆支出都更有底氣。

第四章 債券、儲蓄與基金：穩健理財的關鍵

▋習慣養成：理財從日常開始

1. 每月檢視收支

定期檢視自己的收支狀況，找出哪些支出可減少、哪些投資可增加，讓財務健康度隨時可調。

2. 小額儲蓄，慢慢累積

不必等到「有大筆錢再開始」。從每月 500 元、1,000 元開始，習慣比金額更重要。

3. 自動化理財

利用自動扣款設定，讓儲蓄與投資變成「不必想、直接做」的日常動作。

▋把理財變成生活日常

張先生曾經覺得「理財好難」，直到他從每月記帳開始，發現原來自己有許多不必要的支出。後來，他將省下的錢投入定期定額 ETF，慢慢累積，三年後已有穩定的資產，生活壓力也減輕不少。

第十節　搭配生活的理財術─把投資變成生活的好習慣

理財與生活結合的好處

(1)心態更健康：不再為了短期市場波動而焦慮。

(2)生活更從容：遇到臨時開銷，也能從容應對。

(3)長期規劃更穩健：有系統地把理財納入生活，能讓未來的目標更快達成。

小技巧：讓理財更有趣

(1)和朋友一起設定理財挑戰：如「存錢 30 天挑戰」或「每月讀一本理財書」。

(2)用生活中的「小儀式」提醒自己：如存到一定目標後，用小旅行獎勵自己。

(3)定期分享與討論：家人、伴侶或朋友一起討論理財，會讓話題更輕鬆，也能互相學習。

讓理財像呼吸一樣自然

理財不該是負擔，而是一種生活的態度。從今天起，讓小習慣成為你理財旅程的起點，從每月記帳、定期檢視到小額投資，讓理財融入日常，為未來累積更多的底氣。

第四章　債券、儲蓄與基金：穩健理財的關鍵

章節回顧

　　本章聚焦於低風險、穩定收益的理財方式,包括債券、定存、基金等工具的運作原理與選擇方法。透過案例解說定期定額與風險控管的實務技巧,幫助讀者為家庭與未來建構安全的資金防線。同時強調儲蓄習慣與理財目標的連結,讓穩健投資成為生活的一部分。

第五章
外匯、黃金與大宗商品：全球化投資視野

第五章　外匯、黃金與大宗商品：全球化投資視野

第一節　外匯市場的工具與應用：從存款到投資商品

外匯市場的操作工具，從最基本的外幣存款、外幣保單，到較進階的外匯即期、遠期合約與選擇權，都各有其適用對象與風險特性。

外幣存款與保單：穩健型的入門選擇

對於投資零基礎或偏向穩健的投資人，外幣存款和外幣保單是最簡單的選擇。多數銀行提供多種外幣定存利率方案，讓民眾可依照需求，靈活配置美元、歐元、澳幣等不同幣別。2023 年，臺灣銀行公布的外幣定存利率在美元部分達到 3％以上，吸引許多退休族群與家庭主婦把部分新臺幣資金換成美元定存，享受較高的利息收入。

外匯即期與遠期交易：企業與進出口族的風險管理

對於中小企業主或出口商，匯率波動常常直接影響到營收與成本。這時，外匯即期交易與遠期合約就能派上用場。即期交易是指今天成交、兩天內交割的買賣，最常見於企業支付海外進貨款項。而遠期合約則能預先鎖定未來的匯率，

減少因匯率大幅變動帶來的損失。例如：2021 年臺灣某食品進口商在疫情期間就利用遠期外匯合約，鎖定美元成本，成功避免因美金升值帶來的原料成本增加。

外匯選擇權與槓桿型商品：機會與挑戰並存

更進階的投資人則可能會接觸到外匯選擇權與保證金交易。這些工具雖提供高槓桿、高靈活度，但風險相對也更高。2022 年，一位年輕的工程師在網路上接觸到外匯保證金交易平臺，因短時間內獲利 50%，便加碼投資。然而，隔月美國聯準會突然升息，使得他的日圓多單在兩天內被斷頭出場，血本無歸。這個案例提醒我們，外匯市場的高報酬，往往伴隨著高風險，沒有完善的風控，往往只是曇花一現。

全球化視野下的外匯投資心態

在全球資本流動的時代，外匯市場早已不只是專業投資人或企業財務長的專利。對一般投資人來說，從日常理財到長期資產配置，適度涉獵外匯市場，有助於分散資產組合的風險，減少對單一市場的依賴。

然而，外匯市場 24 小時運作的特性，讓它既充滿機會，也隱含誘惑。許多新手常被短線的獲利報告吸引，忽略了背後可能承受的劇烈虧損。

第五章　外匯、黃金與大宗商品：全球化投資視野

真正的國際化投資，不是追逐短期獲利，而是透過學習外匯市場的運作邏輯與經濟基本面，逐步累積自己的判斷力。外匯市場是世界經濟的溫度計，投資人若能用理性的態度看待它，才能真正享受全球化帶來的紅利。

▍穩健的外匯投資之道

外匯市場就像一片變幻莫測的大海，對於想要跨足國際市場的臺灣投資人而言，它既是機會的源頭，也可能是風險的漩渦。從外幣存款到外匯保證金，從企業避險到個人資產配置，外匯市場提供多元的選擇，但最重要的是保持學習與謹慎的態度。

踏上外匯投資的第一步，或許只是換些外幣準備旅遊，或是替孩子的留學基金做些規劃；但當你漸漸熟悉這個市場的運作，體會到匯率與國際經濟脈動的關聯，也許你會發現，外匯市場其實就是認識世界的一扇窗。願每位投資人都能用這扇窗，看見更遠的風景。

學會看懂匯率，世界從此無遠弗屆

外匯市場是國際投資的第一課，也是開啟全球視野的必修課。當你學會如何透過匯率變化，掌握國際經濟的脈動，投資的眼界就不再局限於一隅。

第二節　匯率與物價的關聯

在全球經濟互聯的時代，匯率的波動與物價的起伏已不只是金融業者關心的議題。它們背後的關聯，對投資決策、企業經營與民眾生活，都有著潛移默化的影響。舉凡國際進出口、跨國企業競爭力、消費者的生活成本，無不受到匯率變動的牽動。

臺灣企業與匯率變動的掙扎

2021～2023 年間，臺灣製鞋業者面對美元升值壓力，採取多種避險措施。由於原料多以美元進口，當新臺幣貶值時，企業成本增加，毛利空間被壓縮。凱達國際在 2022 年採取美元遠期合約，提前鎖定匯率，成功穩定約三成的進口成本。雖無法百分百避險，但相較於同業，他們的毛利波動幅度減少，企業體質也更為穩健。這樣的案例說明，企業若能靈活運用外匯避險工具，能有效降低物價上升的衝擊，維持經營彈性。

政策與生活的雙向連動

臺灣央行與行政院主計總處，每年都密切追蹤匯率與 CPI 指數的變化，以確保物價穩定。2022 年，面對能源進口

第五章　外匯、黃金與大宗商品：全球化投資視野

成本上揚，央行透過調升利率來穩定新臺幣匯率，避免物價飆漲侵蝕民眾的購買力。對小家庭來說，這意味著日常生活中的柴米油鹽價格波動，背後都可能與臺幣強弱有關。

投資人若希望降低通膨帶來的資產侵蝕風險，也可藉由配置外幣資產或黃金等抗通膨商品，達到長期保值的效果。根據臺灣銀行 2023 年的理財報告，美元、歐元與澳幣定存，成為不少家庭資產組合中用來對抗通膨的重要一環。

▋掌握匯率波動，看見經濟全貌

匯率與物價的互動，不只是抽象的經濟理論，而是貼近生活的真實感受。從超市貨架上的進口食品，到企業進口原料的報價，匯率的每一次波動都可能帶來漲跌。投資人與企業主，若能從全球化的視野出發，學習掌握匯率與物價之間的動態連結，不僅能在投資布局上做出更明智的決策，也能在日常生活中，降低因價格波動帶來的壓力。

看懂匯率與物價，讓投資與生活更從容

匯率與物價之間，看似遙遠的課題，卻是國際投資人、企業與每位家庭都應認識的課題。透過理解這兩者之間的關係，我們不僅能更清楚地看見國際經濟的脈動，也能在財務規劃上更加穩健。

第三節　黃金投資的避險價值

黃金作為人類歷史上最古老的貴金屬之一，自古以來就承載著財富的象徵與穩定力量。無論在過去的黃金本位時代，還是現代金融市場的波動中，黃金始終扮演著不可或缺的角色。對於臺灣投資人而言，黃金不只是首飾或紀念品，更是面對通貨膨脹與全球經濟動盪時的重要避險工具。

黃金的歷史與現代意義

黃金的地位，源於其稀有性、不可複製性以及文化與歷史積澱。從古埃及的黃金面具，到中國古代的金元寶，黃金一直象徵著財富與權力。即使進入二十一世紀，當各國貨幣貶值風險增加、地緣政治衝突加劇時，黃金仍被全球投資人視為「最後的安全港」。

根據世界黃金協會（World Gold Council, WGC）的統計，2022 年全球央行黃金購買量達到過去五十年新高，顯示各國面對美元霸權與通膨壓力時，黃金仍然是國際儲備的重要資產。這些數據提醒我們，黃金不只是市場商品，更是國家與投資人面對風險時的重要後盾。

第五章　外匯、黃金與大宗商品：全球化投資視野

▌黃金與通膨的互動關係

黃金之所以能在經濟動盪時吸引資金，與它抵禦通膨的能力息息相關。當貨幣供給過剩，物價節節高升時，黃金價格往往也隨之上漲，成為「購買力的保險」。投資人王太太就分享，從 2020 年疫情爆發以來，她開始將部分資金配置到黃金 ETF，短短兩年間，黃金價格從每盎司 1,500 美元攀升到接近 2,000 美元，雖然中間也有震盪，但整體仍穩步走高，替她的退休金帶來了可觀的增值。

學界也提出理論基礎。知名經濟學家約翰・梅納德・凱因斯（John Maynard Keynes）曾將黃金視為「傳統的財富保護者」。雖然現代貨幣體系已不再使用黃金本位，但黃金在民間與官方層面，仍保有穩定資產價值的地位。

▌2022 年俄烏戰爭與黃金價格

2022 年俄烏戰爭的爆發，讓全球能源與糧食價格大幅飆漲，通膨壓力席捲歐美。與此同時，投資人為了對抗貨幣貶值與市場恐慌，紛紛湧入黃金市場。短短三個月內，黃金價格從每盎司 1,780 美元漲至 2,050 美元，創下近年新高。這個現象再次印證了黃金作為「避險天堂」的地位。

對臺灣而言，黃金價格的上漲也讓許多中小型銀樓的黃金交易量暴增。一位業者分享，2022 年上半年，店內黃金飾

第三節　黃金投資的避險價值

品與投資金條銷量較前年成長了四成，反映出民眾面對國際風險時，黃金的保值魅力。

▌臺灣投資人如何參與黃金市場

在臺灣，投資黃金的方式多元且便利。傳統的實體金條與飾品，是民間最普遍的入門方式。許多銀樓與銀行業者提供買賣服務，讓民眾能在價格低點時進場，長期持有以對抗通膨。

此外，近年來越來越多投資人開始接觸黃金 ETF 與黃金期貨。以臺灣發行的「元大標普黃金 ETF」為例，透過證券帳戶即可交易，免去實體黃金保管與交易手續的麻煩，適合希望以小額資金參與黃金市場的投資新手。

▌投資心態與長期規劃

然而，黃金雖然是避險工具，卻也並非穩賺不賠。專家提醒，黃金並不像股票一樣會有股利收入，投資人若只是短期投機，可能因價格波動而虧損。2021 年，投資人小李因為短線操作黃金期貨，結果遇到價格回檔，短短兩週虧損逾十萬元。這也提醒我們，黃金投資需要用長期眼光看待，並結合整體投資組合做配置，而非盲目追高殺低。

第五章　外匯、黃金與大宗商品：全球化投資視野

黃金的恆久價值

總體來說，黃金的角色早已超越了飾品的範疇，成為全球投資人對抗風險的重要資產。無論是企業、政府還是家庭，面對不確定的國際局勢，適度配置黃金，往往能提供心理與資產上的雙重保障。

第四節
商品投資初探：原物料與期貨

在全球經濟變動快速的今天，原物料與期貨市場成為資產配置的重要選擇。這不僅是一個投資領域，更是一種理解世界經濟運作的方式。本節中，我們將探討商品市場的基本特性、影響價格的多元因素、投資策略，以及投資心態。

▎商品市場的多樣化特性

商品市場涵蓋金屬、能源、農產品與工業原料等多種標的。不同商品的價格波動，常受到季節性供需、國際政治局勢及天災等因素的影響。例如：氣候變遷可能導致農產品歉收，進而推升價格；而國際地緣政治動盪，則常推高石油與天然氣的價格。

▎俄烏戰爭與能源價格飆升

2022 年，俄烏戰爭爆發，能源價格在短短半年內快速飆升。布蘭特原油從每桶 70 美元一路上漲至 120 美元以上，天然氣價格也因歐洲供應中斷而屢創新高。這不僅影響了歐洲國家的經濟成本，也牽動了全球資金的避險與投機操作。國

第五章　外匯、黃金與大宗商品：全球化投資視野

際大型避險基金紛紛加碼能源期貨，尋求對抗通膨與地緣政治風險的機會。

▌中鋼的原料避險操作

在臺灣，中鋼公司多年來持續利用期貨市場對鐵礦砂與煤炭進行避險操作，以應對原物料價格劇烈波動對生產成本的影響。中鋼透過遠期合約及期貨市場鎖定部分原料成本，讓企業在面對國際原料價格上漲時，仍能維持穩健的財務結構與市場競爭力。這樣的策略顯示，商品市場並不僅是投機空間，更是企業穩健經營的重要工具。

▌投資策略與商品市場的波動性

商品投資雖具多元化優勢，但也伴隨高波動性。投資人應從長期趨勢與短期波動兩個層面來看待。短期內，商品價格常受市場情緒影響；長期而言，則與全球經濟結構變遷密不可分。美國知名經濟學家保羅·薩繆森（Paul Samuelson）曾指出：「商品市場是經濟基本面最直接的鏡子。」唯有深入理解，才能在波動中找到投資機會。

第四節　商品投資初探：原物料與期貨

▎商品市場的投資心態與風險管理

面對商品市場的高波動性,投資人應建立健全的資金控管與風險管理機制。2021 年,投資人小王因為聽信網路投資達人建議,短線操作黃豆期貨,結果因為美國農業部意外公布優良收成報告,價格大幅回落,小王不到兩週就損失近 30 萬元。這提醒我們,商品市場的投資心態,必須以理性與紀律為前提,而非一味追逐短線波動。

> **商品投資的多重意義**
>
> 商品市場不僅是投資組合的一環,更是國際經濟結構的縮影。從全球戰爭引發的能源危機,到臺灣企業如何善用期貨避險,這些案例告訴我們:掌握商品市場的知識,能讓投資更穩健,也能讓我們更好地理解世界。

第五章　外匯、黃金與大宗商品：全球化投資視野

第五節
全球市場動盪下的機會與挑戰

在全球化時代，國際市場瞬息萬變。無論是地緣政治衝突、供應鏈重組，還是金融政策轉向，這些動盪都在不斷重塑全球投資版圖。對於臺灣投資人而言，這些看似遙遠的國際新聞，卻往往影響到我們的投資報酬與資產安全。因此，學習如何在全球市場動盪中找尋機會、避開風險，是每一位投資人都必須面對的重要課題。

全球市場的波動與機會

國際市場的波動，往往來自經濟、政治與社會多重因素的交錯。例如：2022 年俄烏戰爭爆發，不僅改變了歐洲的能源結構，更帶動國際油價與天然氣價格的劇烈波動。歐洲國家被迫尋找替代能源來源，間接帶動了美國液化天然氣的出口量成長，這對於美國能源相關企業來說，反而創造了意外的收益機會。

同樣的情況也發生在半導體與科技業。2023 年，美中科技戰愈演愈烈，全球晶片供應鏈受到挑戰。臺灣半導體產業憑藉技術優勢，雖面臨風險，但同時也迎來全球客戶的轉單需求。像是台積電與聯發科，就在市場不確定中持續接獲歐

美大型客戶的新訂單，顯示全球市場的動盪中，總有藏著機會的縫隙。

臺灣企業的全球化挑戰與機遇

臺灣作為出口導向型經濟體，對國際市場的變動格外敏感。許多臺灣企業長期以來早已建立全球化布局，藉由分散市場、調整供應鏈，來對抗外部風險。以鞋業大廠寶成工業為例，當全球運費高漲、航運不順時，寶成積極調整生產基地，將部分製鞋產線移轉至東南亞國家，降低對中國市場的依賴，確保營運穩健。

同時，部分臺灣中小企業也開始善用數位工具與跨境電商平臺，降低實體市場的風險。像是彰化一家專做工具機零件的工廠，在疫情期間改用跨境 B2B 平臺接單，成功開拓東南亞與中東市場。這樣的轉型不只避開了國際市場動盪帶來的挑戰，也為企業長遠經營打下新的基礎。

全球市場動盪下的投資心態

面對國際市場的動盪，投資人更需要穩健的心態與多元的思考方式。首先，要學會分散投資。把資產全部集中在單一市場或產業，就如同把雞蛋放在同一個籃子裡，遇到黑天鵝事件時容易遭受重創。過去幾年，全球股市經歷了疫情、

第五章　外匯、黃金與大宗商品：全球化投資視野

通膨、地緣政治衝擊，多元配置的重要性愈發明顯。

再者，投資人也要保持對國際局勢的關注。國際貨幣基金（IMF）每年發布的全球經濟展望報告，就是投資人了解市場脈動的重要參考。像是 2023 年，IMF 預測全球經濟成長率將因供應鏈重組與通膨壓力而放緩，這提醒投資人，短期內成長型股票與高槓桿投資需更加謹慎。

投資人在市場動盪下的策略

資深投資人林先生在 2022 年市場動盪期間，選擇將部分資金從高風險成長型股票轉向穩健型配息 ETF，並適度增加美元與黃金部位，達到資產避險與分散的效果。結果，他的投資組合在大盤下修的情況下，仍維持了相對穩健的報酬。林先生的經驗告訴我們，面對國際市場動盪，投資組合的彈性與風險意識，比短期的獲利衝動更值得重視。

在動盪中尋找平衡與契機

全球市場的動盪，對投資人與企業來說，既是挑戰也是機會。臺灣的企業與個人投資人，若能從多元視角審視市場趨勢、調整投資策略，就能在國際資本浪潮中站穩腳步。畢竟，危機與轉機，往往只是一線之隔。

第六節
資訊多元化：國際新聞的影響

在全球化與數位化高度發展的今天，國際新聞早已不再是單純的報導，而是直接影響投資決策與資產配置的重要依據。國際間的政治動盪、經濟數據與突發事件，都能瞬間牽動全球市場的情緒與走向。對於臺灣投資人而言，掌握這些資訊不僅是擴展眼界的方式，更是保護資產、抓住投資機會的關鍵。

▌資訊多元化的重要性

投資人若只依賴單一來源或片面的報導，往往容易受到錯誤資訊的誤導。資訊多元化，指的是投資人必須從多個面向、多種來源獲取國際新聞，並且交叉比對、去蕪存菁。這不僅能避免過度依賴特定媒體觀點，也有助於培養獨立判斷能力。

舉例來說，國際間對俄烏戰爭的看法，美國媒體與歐洲媒體的報導角度就明顯不同。美國媒體多強調俄羅斯的軍事威脅與制裁必要性，而部分歐洲媒體則更關注歐洲能源危機與難民問題。臺灣投資人若能同時參考這些不同觀點，就能更全面地理解事件對市場的可能影響。

第五章　外匯、黃金與大宗商品：全球化投資視野

▎疫情新聞的市場衝擊

2020 年初，COVID-19 疫情爆發初期，媒體對疫情的解讀與報導差異極大。部分媒體強調疫情嚴重性，另一部分媒體則輕描淡寫。結果，市場情緒在短短幾週內大幅波動。投資人李先生分享，當時他選擇關注國際醫療組織（如 WHO）與臺灣中央流行疫情指揮中心的官方資訊，並輔以 BBC 與彭博等國際媒體的報導，讓他能較理性地判斷市場修正的幅度與風險。相較之下，一些只看社群媒體轉貼資訊的投資人，則因過度恐慌而在低點賣出股票，錯失了隨後的反彈機會。

▎臺灣投資人如何善用國際新聞

臺灣雖然地處東亞，但資金與市場早已無國界。許多臺灣銀行與證券公司已提供國際新聞即時服務，甚至有些財經 App 可以同時追蹤日經、華爾街日報與金融時報等外媒。對一般投資人而言，這些工具的使用，能幫助我們更快速地接觸到多元的市場觀點。

此外，參與國際新聞的關注，也不代表要每則消息都立刻行動。知名投資大師華倫・巴菲特（Warren Buffett）曾說：「我閱讀報紙的目的，不是為了追逐短線行情，而是為了了解世界的運作方式。」這句話提醒我們，國際新聞應是投資判斷的背景與輔助，而非盲目的操作指令。

第六節　資訊多元化：國際新聞的影響

▍投資心態：培養理性的資訊篩選能力

面對日益爆炸的資訊洪流，投資人最需要的，是培養理性的篩選能力。研究指出，投資人常因資訊過載而陷入「決策癱瘓」——也就是資訊太多，反而無法做出明確決策。投資人小陳分享，他習慣每天追蹤十幾個新聞管道，結果反而在市場震盪時無法做出及時判斷。後來，他學會先設定自己的投資目標，再針對目標挑選適合的資訊來源，才慢慢培養出穩健的投資節奏。

資訊是利器也是陷阱

國際新聞的多元化，不只是擴展知識的管道，更是投資布局的重要依據。然而，資訊越多，投資人也越要謹慎面對。唯有透過交叉比對與理性判斷，才能在市場的資訊洪流中找到真正的機會。

第五章　外匯、黃金與大宗商品：全球化投資視野

第七節
外幣投資風險與收益

在全球化的投資時代，外幣投資成為許多投資人多元化資產配置的重要選項。無論是美元、歐元、日圓還是新興市場貨幣，外幣投資除了能為投資組合帶來新的報酬機會，也可能隱藏著匯率波動與國際風險。對於臺灣投資人而言，如何平衡外幣投資的風險與收益，成為實現財務穩健的必修課題。

▌外幣投資的多樣化管道

臺灣投資人參與外幣投資的方式多元。最基本的是外幣存款與外幣保單，這些產品提供相對穩健的利息收入，且銀行間競爭激烈，利率常常比新臺幣存款更具吸引力。此外，隨著金融商品多樣化，許多銀行與券商也推出外幣計價的債券型基金、外幣 ETF，甚至外幣結構型商品，讓投資人可以透過小額資金參與國際市場的成長。

▌全球市場與外幣匯率的關聯

外幣投資的核心風險，來自匯率波動。匯率的變動與各國的經濟基本面密不可分。例如：當美國聯準會升息，美元通常會因資金回流而升值；相反地，當新興市場經濟放緩，

當地貨幣可能因資本外流而面臨貶值壓力。臺灣投資人若能理解這些國際趨勢,就能在外幣投資中更有信心。

美元升值下的投資人抉擇

2022 年,美國聯準會為對抗高通膨,連續升息,美元指數從年初的 95 一路攀升至接近 110,創下二十年新高。林小姐分享,她從 2019 年起就固定每月買入美元定存,平均匯率在 28 元左右。當美元在 2022 年突破 32 元時,林小姐的外幣資產價值也水漲船高,帶來可觀的匯差收益。

然而,另一位投資人小張,則在 2021 年因看好東南亞市場而購入新加坡元外幣基金,卻因 2022 年全球資金回流美元,東南亞貨幣普遍走弱,造成他的投資部位出現近 10% 的虧損。這兩個案例提醒我們,外幣投資的收益並非單靠高利率決定,更受到國際資金流向與市場風險偏好的影響。

外幣投資的風險與挑戰

外幣投資的最大風險,往往來自無法預測的國際政治與經濟衝擊。舉例來說,2022 年俄烏戰爭爆發,歐元區能源成本飆升,歐元對美元一路貶值,讓許多投資歐元計價資產的投資人措手不及。又如日本長期低利率政策,曾經讓日圓成為低息融資工具,但遇到全球風險趨避時,日圓反而成為避

第五章　外匯、黃金與大宗商品：全球化投資視野

險貨幣，帶來意料之外的匯率波動。

除了國際政經風險，投資人還必須注意外幣商品的結構風險。部分外幣結構型商品雖提供看似誘人的收益，但其實背後可能藏有高風險的匯率或利率槓桿結構，稍有不慎就可能血本無歸。

▋投資心態：穩健布局與風險管理

面對外幣投資的多元機會與潛藏風險，投資人首要之務是建立正確的心態。美國著名投資專家彼得・林區（Peter Lynch）強調：「投資永遠要先看懂風險，再談論報酬。」這句話同樣適用於外幣投資。理性的投資人會把外幣視為整體資產配置的一部分，而非孤立的投機操作。

專家建議，外幣資產在投資組合中占比應視個人風險承受度與財務目標而定，一般建議不超過 20％～30％。此外，應該搭配多種幣別，分散單一市場或貨幣的風險，並利用定期定額或分批投入方式，減少匯率波動帶來的壓力。

外幣投資的智慧與紀律

外幣投資既有機會也有挑戰，關鍵在於投資人是否能以理性與長期的眼光看待市場。從投資人林小姐

第七節 外幣投資風險與收益

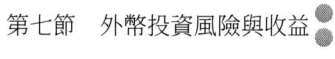

與小張的案例，我們看見同樣的外幣市場，會因投資策略與時間而有截然不同的結果。唯有透過持續學習與分散布局，才能在全球金融市場的波動中，找到穩健前行的道路。

第五章　外匯、黃金與大宗商品：全球化投資視野

第八節
如何選擇外幣與大宗商品

面對瞬息萬變的全球市場，投資外幣與大宗商品成為資產配置不可或缺的環節。然而，對於許多臺灣投資人而言，該如何挑選合適的外幣與大宗商品，才能在複雜的國際局勢中找到穩健的增值機會，成為一項關鍵課題。

外幣投資的選擇思考

選擇外幣投資標的時，首先要認識各國貨幣的經濟體質與國際地位。美元作為全球儲備貨幣，穩定性與流動性都極高，適合作為核心外幣資產。歐元與日圓雖也具國際地位，但其價格波動性相對較大，適合具備一定風險承受力的投資人。

陳小姐打算為即將到來的孩子留學支出做規劃。她在銀行理專的協助下，選擇每月定期定額分批購入美元與澳幣，並根據孩子未來可能的留學地點調整配置比率。這樣的做法，不僅分散了匯率波動的風險，也讓資產配置更貼近實際需求。

大宗商品投資的多元化機會

大宗商品市場則提供投資組合更進一步的多元化機會。金屬類商品如黃金與白銀，具備良好的抗通膨與避險功能；

能源類商品如原油與天然氣,則與全球經濟活動緊密相關;農產品則常受天候與季節性影響,波動更具挑戰性。

以臺灣進口依賴度高的原油為例,當全球油價大漲,臺灣企業與家庭的生活成本都面臨壓力。投資原油 ETF 或期貨,能在油價高漲時,為投資組合提供避險效果。2022 年俄烏戰爭期間,許多投資人透過投資原油 ETF,成功抓住了能源價格上漲的機會。

外幣與大宗商品靈活配置

黃先生是臺灣一家中型出口企業的財務主管。由於公司需支付美元進口原料費用,他長期關注美元指數與國際原物料價格。2021 年初,他開始分批買進美元與黃金 ETF,作為企業外幣儲備的多元配置工具。結果在 2022 年全球金融市場震盪時,黃金 ETF 提供了資產穩定的避險效果,而美元部位的升值也抵消了部分商品價格上漲帶來的衝擊。黃先生的經驗說明,靈活配置外幣與大宗商品,能在風險中找到平衡與機會。

投資策略與分散布局的智慧

外幣與大宗商品投資最大的特點,就是它們與臺灣本土資產(如新臺幣計價的股票與房地產)之間,往往呈現低相關性。這種低相關性,意味著在國際市場風險升溫時,外幣與

● 第五章　外匯、黃金與大宗商品：全球化投資視野

大宗商品能發揮避險或平衡資產的角色。

專家建議，投資人應該根據個人風險承受度與財務目標，適度納入不同外幣與商品部位。對於穩健型投資人，美元或黃金等避險性較高的標的是首選；而對於願意承擔較高波動的投資人，能源與工業金屬等標的可能提供更多收益潛力。

投資心態與風險控管

不論是外幣還是大宗商品，投資人都應抱持長期、理性的心態。許多新手投資人容易被短期價格波動吸引，結果反而因追高殺低而賠錢。2022 年，臺灣有投資人因為短線追逐原油期貨，結果在油價劇烈回檔時，短短三天就賠掉了半年的積蓄。這提醒我們，外幣與商品投資的風險控管，必須放在第一位。

專家建議，可以採用「定期定額」或「分批進場」的方式，平滑匯率與價格波動的影響。並且，不宜把外幣與商品部位比例拉得過高，避免在市場劇烈波動時影響整體投資組合。

外幣與大宗商品投資的價值

外幣與大宗商品的投資價值，不僅在於它們各自的報酬潛力，更在於它們提供給投資組合的穩健性與靈活性。只要有正確的投資策略與紀律，這些看似遙遠的國際資產，也能成為我們財務自由路上的良伴。

第九節
全球化投資的心態與策略

在全球化投資時代，投資不再局限於本土市場，而是放眼世界各地的機會與挑戰。對於臺灣投資人而言，全球化投資意味著要學會打開視野，理解國際局勢與經濟脈動，並在變化中找到適合自己的投資策略。本節將深入探討全球化投資的心態與策略，並分享案例，協助投資人建立更全面的國際投資視野。

全球化投資的必要性與時代趨勢

隨著科技進步與資訊傳播的加速，國際市場變動影響著每個國家的經濟。臺灣身為出口導向型經濟體，從電子產業到傳統製造業，都深受國際景氣波動影響。對投資人而言，僅依賴單一市場的投資，往往無法分散風險、應對突發事件。這也是全球化投資愈來愈重要的原因。

國際貨幣基金（IMF）與世界銀行每年都會發布全球經濟報告，提醒投資人關注國際景氣變化與區域性風險。像是2023 年，IMF 就指出全球經濟將因供應鏈重組、地緣政治衝突而面臨成長放緩，投資人若能提早調整投資布局，就能減少衝擊、捕捉機會。

第五章　外匯、黃金與大宗商品：全球化投資視野

▍全球化投資的調整方針

林先生原本長期投資臺灣本土股市，2020 年後開始感受到國際市場波動對持股的影響。他在與理財顧問討論後，決定將部分資金投入國際股票型 ETF 與美元計價債券型基金。2022 年俄烏戰爭爆發，臺股短線劇烈震盪，但林先生的國際 ETF 與美元債券部位，反而提供了投資組合的平衡與穩定。

這個案例告訴我們，全球化投資不一定意味著「全部換到國外市場」，而是把全球市場視為資產配置的一部分，藉由分散市場風險，讓投資組合更具韌性。

▍全球化投資的策略思考

全球化投資最核心的策略，是「分散」與「平衡」。分散不僅限於不同國家與產業，也包含不同的資產類別。專家建議，投資人可依照自己的風險承受度與財務目標，逐步納入國際股票、外幣資產、黃金或大宗商品等多元化部位。

例如：穩健型投資人可考慮配置部分美元計價資產或全球型債券基金，作為市場動盪時的穩定力量；成長型投資人則可適度增加科技股或新興市場基金的比重，把握長期成長的潛力。

第九節　全球化投資的心態與策略

▋投資心態：從短線操作到長期規劃

全球化投資過程中，投資人的心態比操作技巧更為重要。短期的市場震盪無可避免，但投資人若能以長期規劃為主軸，就能在短線波動中保持穩定的投資節奏。美國股神華倫‧巴菲特（Warren Buffett）強調：「投資是一場耐力賽，而不是百米短跑。」這句話提醒投資人，全球化投資應以長期目光看待，而非被短期市場情緒牽著鼻子走。

▋資訊與國際視野的養成

全球化投資還需要持續吸收國際新聞與財經資訊，養成跨國視野。臺灣許多金融機構與證券公司，已提供國際市場研究報告與國際新聞分析，投資人可善加利用這些工具，增進對國際市場的敏感度。

以陳小姐為例，她固定每週關注國際財經節目與彭博、路透等媒體，並訂閱理財顧問的國際市場觀點。雖然她的投資部位仍以臺灣股票為主，但透過這些資訊，她能及時調整外幣部位與國際型 ETF，讓投資更貼近國際脈動。

第五章　外匯、黃金與大宗商品：全球化投資視野

全球化投資的關鍵心法

全球化投資是拓展資產配置的必經之路,卻也是一項需要耐心與紀律的長期工程。無論是從國際新聞的觀察,還是實際投資部位的調整,投資人若能持續學習並保有彈性,就能在瞬息萬變的國際市場中找到穩健成長的節奏。

第十節 如何避開市場泡沫

在投資市場中，泡沫往往是最讓人既期待又害怕的現象。它帶來短期的高報酬誘惑，也可能在瞬間讓投資人血本無歸。歷史告訴我們，每當市場狂熱超過基本面，泡沫往往悄悄醞釀。對於臺灣投資人而言，學會辨認泡沫與避開風險，是保護財富與實現長期目標的關鍵一步。

市場泡沫的基本特性

泡沫通常出現在投資人集體過度樂觀、價格脫離基本面的階段。經濟學家查爾斯・金德伯格（Charles Kindleberger）在其著作《瘋狂、恐慌與崩盤》中，提出了泡沫形成的「五階段理論」：置疑、狂熱、陶醉、停滯與恐慌。投資人若能從這些階段中看出端倪，就能提早做好風險管理。

案例一：2021 年元宇宙熱潮

2021 年初，全球投資市場掀起元宇宙熱潮。許多新創公司股價在短短幾個月內翻倍甚至數倍，吸引大量投資人搶進。然而，這股熱潮背後，實際上許多企業並未有穩健的獲利模式，甚至連產品雛形都尚未成熟。

第五章　外匯、黃金與大宗商品：全球化投資視野

投資人小林分享，他當時在社群媒體上看到許多「元宇宙概念股必漲」的文章，忍不住跟進投資，投入近 30 萬元。結果，半年後隨著美股科技股全面回檔，這些公司股價從高點跌去一半以上，小張最後只能無奈停損。這個經驗讓他明白，市場狂熱下的高報酬，背後往往藏著巨大的風險。

案例二：當熱潮退去 —— 房市榮景背後的警訊

臺灣房市曾是無數投資人眼中的「保值避風港」，但市場也非永遠只漲不跌。2014 年至 2016 年間，房價因資金熱錢湧入與政策寬鬆而快速飆升，部分地區房價甚至遠遠超出當地民眾的實質購買力。

2015 年，許太太受到周遭親友影響，認為「現在不買以後更買不起」，於是投入一筆多年積蓄購買預售屋。當時廣告與業者都喊出「房價只會越來越高」，讓她毫不猶豫地簽下合約。然而，兩年後，市場風向轉變，交易量下滑，房價也出現修正。她所購買的區域回跌將近 15%，加上利息與稅費成本，讓整體報酬不但不如預期，反而陷入資金套牢。

這個經驗突顯了房市的週期性與風險性 —— 當價格脫離基本面、投資氛圍過度樂觀時，正是應該冷靜審視的時候。投資者應避免盲從群眾心理，更應留意自身資金槓桿與風險承受度，才能在波動的市場中守住財務穩健。

第十節　如何避開市場泡沫

▎如何判斷市場是否有泡沫

專家提醒，投資人可以透過以下幾個面向，判斷市場是否進入泡沫階段：

◆ 價格與基本面嚴重脫節：當資產價格遠高於其未來現金流或產值，往往意味著泡沫正在形成。
◆ 市場情緒過度樂觀：當媒體與社群輿論一面倒地看好，投資人應提高警覺。
◆ 槓桿資金氾濫：市場若充斥著過度借貸資金，可能加劇價格的非理性上漲。
◆ 短期報酬過高：若某資產短期內漲幅遠超出其歷史平均，可能已脫離合理評價。

▎投資心態：在狂熱中保持冷靜

面對市場泡沫，投資人最需要的往往不是尋找「下一個飆股」，而是培養冷靜的投資態度。美國投資大師霍華‧馬克斯（Howard Marks）在《投資最重要的事》中提到：「在市場最狂熱時，保持冷靜是少數人的特權。」這句話提醒我們，冷靜與理性，是避開泡沫風險的關鍵。

投資人應該學會「停看聽」：停下來重新檢視自己的投資目標，看清楚市場的基本面，聽取多方意見並交叉比對。若一個標的價格已經過度上漲，寧可錯過，也不要盲目追高。

第五章　外匯、黃金與大宗商品：全球化投資視野

泡沫背後的教訓與啟發

泡沫的破裂往往是殘酷的，但也提供了投資人重要的教訓。從元宇宙熱潮到房市起伏，這些案例告訴我們：投資成功從來不是跟隨市場狂熱，而是能在狂熱中保持理性、用長期的目光看待價值。只要投資人養成冷靜思考與分散風險的習慣，就能在泡沫來臨時，減少損失，穩健前行。

章節回顧

　　本章開拓讀者的國際理財視野，介紹外匯市場的操作邏輯、匯率與物價的互動關係，以及黃金與原物料商品在避險與資產配置中的角色。透過全球市場變動下的機會分析，協助讀者理解國際新聞對投資的影響，並學習如何選擇合適的外幣與商品，建立更具彈性的跨國理財策略。

第五章　外匯、黃金與大宗商品：全球化投資視野

第六章
房產與收藏：
臺灣生活化的投資選項

第六章　房產與收藏：臺灣生活化的投資選項

第一節
房地產投資在臺灣：機會與挑戰

在 2025 年，臺灣房地產市場面臨多重挑戰與機會。政府政策調控、經濟環境變化、人口結構轉變等因素交織影響，使得投資人需更加謹慎地評估房地產投資的風險與潛力。

▎政策調控對市場的影響

為了抑制房市過熱，臺灣中央銀行於 2024 年 9 月實施第七波信用管制，對第二戶購屋貸款設定無寬限期，並降低貸款成數上限。這些措施導致六都買賣移轉月均量下降 13.2%，顯示政策對市場產生明顯的冷卻效果。

此外，政府也針對預售屋市場加強監管，限制預售屋紅單轉售，並修訂《平均地權條例》，要求私法人購屋須經許可，防止炒作行為。

▎區域市場的分化趨勢

臺灣房市呈現明顯的區域分化現象。北部地區如臺北市，因土地供應有限，房價相對穩定；而中南部地區如臺中、高雄，則因產業發展與人口移入，房市活絡。

例如：臺中市西區的建案因地段優勢與生活機能完善，吸引自住與投資買盤；高雄市左營區因捷運與商圈發展，房價亦有上漲趨勢。

投資策略與風險管理

面對市場變化，投資人應採取靈活的投資策略。選擇具備長期增值潛力的區域，如捷運沿線、學區等，並評估租金報酬率與資金流動性，以降低投資風險。

此外，應關注政府政策動向，避免在政策調控期間進行高風險投資。

科技業帶動房市需求

臺灣科技業的發展對房地產市場產生影響。以桃園市為例，因科技園區設立，吸引大量就業人口，帶動周邊住宅需求。

一位在科技公司任職的林先生，於 2023 年購買桃園市中壢區的預售屋，因地段佳與未來發展潛力，房價於 2025 年已上漲約 15%。

第六章　房產與收藏：臺灣生活化的投資選項

穩健投資的關鍵

2025 年臺灣房地產市場進入調整期，投資人應以穩健為主，謹慎評估投資標的與區域潛力。透過深入了解政策動向、市場趨勢與區域發展，制定適合自身的投資策略，方能在變局中尋找穩定的投資機會。

第二節
不同類型房產的投資策略

在臺灣多元且變化快速的房地產市場中,投資人面對各類型房產時,需根據其特性與市場趨勢,制定相應的投資策略。

▍住宅類房產:穩健增值與自住需求

住宅類房產長期以來是臺灣投資人首選,特別是在都會區,因人口集中與就業機會多,住宅需求穩定。

策略建議:

◆ 選擇交通便利、生活機能完善的區域,如捷運沿線、學區等,能提高出租率與轉售價值。
◆ 考慮購買屋齡較新的物件,減少未來維修成本。
◆ 評估租金報酬率,確保投資報酬穩定。

案例:林先生於 2023 年在新北市板橋區購買一間兩房住宅,因鄰近捷運站與商圈,出租市場需求強勁,租金報酬率達到 3.5%,成為其穩定的被動收入來源。

第六章　房產與收藏：臺灣生活化的投資選項

商用不動產：高報酬與高風險並存

商用不動產如辦公室、商場等，雖然投資門檻較高，但租金收益也相對可觀。

策略建議：

- 選擇位於商業活動頻繁的地段，如臺北市信義區、中山區等。
- 注意租戶品質與租約條款，確保租金收入穩定。
- 考慮物件的可改造性，以應對市場需求變化。

案例：張小姐於 2022 年在臺中市七期購買一間商用辦公室，出租給新創公司，因地段優越與辦公需求增加，租金每年上漲 5%，投資報酬率穩定提升。

工業與物流設施：科技產業帶動的新寵

隨著科技產業發展，工業與物流設施成為投資新寵。

策略建議：

- 選擇靠近工業區或科技園區的地段，如新竹科學園區、臺南科學園區等。
- 評估租戶的產業穩定性與長期合作可能性。
- 考慮物件的可擴展性與現代化設施，以吸引高品質租戶。

案例：陳先生於 2024 年在桃園市購買一處物流倉儲設施，出租給電商公司，因應網購需求增加，租金收益穩定，並有增值潛力。

預售屋與中古屋：投資時機與風險評估

預售屋與中古屋各有優缺點，投資人需根據自身需求與市場狀況做出選擇。

策略建議：

- 預售屋：適合資金充裕、可等待交屋的投資人，需注意建商信譽與合約條款。
- 中古屋：可立即出租或自住，需評估屋況與維修成本。
- 考慮市場供需狀況與未來發展潛力，避免高點進場。

案例：黃先生於 2023 年購買臺南市一處中古屋，經過簡單裝修後出租，因地段佳與租金合理，迅速找到租戶，投資報酬穩定。

房地產投資信託（REITs）：低門檻的間接投資

REITs 提供投資人以較低門檻參與房地產市場的機會，適合資金有限或希望分散風險的投資人。

策略建議：

- ◆ 選擇管理績效良好、資產組合多元的 REITs。
- ◆ 注意配息率與資產淨值變化，評估投資報酬。
- ◆ 考慮市場景氣與利率變化對 REITs 的影響。

案例：李小姐於 2024 年投資臺灣某 REITs 基金，因基金持有多處商用不動產，租金收益穩定，配息率達到 4%，成為其投資組合中的穩定收益來源。

根據房產類型制定投資策略

不同類型的房產具有各自的特性與風險，投資人應根據自身資金狀況、風險承受能力與投資目標，選擇適合的房產類型，並制定相應的投資策略。透過深入了解市場趨勢與物件特性，方能在多變的房地產市場中取得穩定的投資報酬。

第三節
購屋前的評估與準備

購屋是人生中的重大決策，特別是在房價高漲、政策多變的 2025 年，購屋前的評估與準備顯得尤為重要。本節將從財務規劃、房貸準備、物件選擇、實地考察、法律程序等方面，全面解析購屋前的必要準備，協助讀者在購屋過程中做出明智的選擇。

▌財務規劃：明確預算與儲蓄目標

在購屋前，首先需釐清自身的財務狀況，包括收入、支出、儲蓄、負債等。根據 2025 年的市場情況，購屋者應準備至少 20％～ 30％的頭期款，以及額外 10％的費用以應對稅費、裝修等開銷。例如：若計劃購買總價 1,000 萬元的房屋，應準備約 300 萬元的頭期款及 100 萬元的額外費用。

此外，建議每月房貸支出不超過家庭月收入的 30％，以避免財務壓力過大。可利用線上貸款試算工具，預估每月還款金額，評估自身負擔能力。

第六章　房產與收藏：臺灣生活化的投資選項

▋房貸準備：了解貸款條件與利率

購屋貸款是實現購屋夢想的重要工具。在申請房貸前，應了解各家銀行的貸款條件、利率、還款方式等。2025 年，房貸利率可能因市場變化而有所調整，購屋者應密切關注央行政策及市場動態。

此外，信用評分對貸款申請有重要影響，建議購屋者在申請貸款前，檢視自身信用紀錄，確保無不良紀錄，以提高貸款核准率。

▋物件選擇：明確需求與優先順序

在選擇房屋時，應明確自身需求，包括地點、房型、樓層、屋齡、生活機能等。建議列出優先順序，區分「必須條件」與「可妥協條件」，以便在看屋過程中做出合理選擇。

例如：對於有小孩的家庭，學區可能是首要考量；對於上班族，交通便利性則更為重要。此外，應考慮未來家庭成員變化，選擇能夠滿足長期需求的房屋。

▋實地考察：深入了解物件與周邊環境

網路資訊雖然方便，但實地考察仍是不可或缺的步驟。在看屋時，應注意房屋的採光、通風、格局、建材品質等，

並觀察周邊環境,包括交通、商店、學校、公園等。

此外,建議在不同時間前往實地考察,了解社區的日夜環境變化,並與鄰居交流,了解社區氛圍與管理狀況。

法律程序:確保交易安全與合法

購屋涉及複雜的法律程序,包括簽約、過戶、貸款、稅費等。建議在簽約前,詳細閱讀買賣契約,確認條款內容,必要時可諮詢專業律師或代書,確保自身權益。

此外,應確認房屋的產權清晰,無抵押、查封等問題,並辦理實價登錄,以保障交易的透明與合法。

小資族的購屋經驗

林小姐是一位 30 歲的上班族,計劃在新北市購買首套房屋。她首先評估自身財務狀況,發現可動用資金約為 300 萬元,並可承擔每月 3 萬元的房貸支出。經過多方比較,她選擇了一間總價 1,000 萬元的兩房公寓,位於捷運沿線,生活機能完善。

在購屋過程中,林小姐積極與銀行洽談貸款方案,最終獲得利率 2% 的貸款,並成功完成交易。她的經驗顯示,充分的準備與謹慎的評估,是成功購屋的關鍵。

第六章　房產與收藏：臺灣生活化的投資選項

購屋前的全面準備

購屋是一項重大且複雜的決策，需從財務、貸款、物件、實地考察、法律等多方面進行全面準備。透過明確的規劃與謹慎的評估，購屋者能夠降低風險，做出明智的選擇，實現安居樂業的目標。

第四節 中古屋與預售屋的利弊

在臺灣房地產市場中,購屋者常面臨選擇購買中古屋或預售屋的抉擇。兩者各有優缺點,適合不同需求與財務狀況的買家。本節將深入探討中古屋與預售屋的特性、優劣勢、風險與機會,協助讀者做出明智的購屋決策。

中古屋的特性與優劣勢

中古屋,指的是已經建成並曾被使用過的住宅。其主要特性包括:

- 立即可入住:購買後可迅速搬入,適合有急需的買家。
- 實際可見:可親自檢視房屋狀況,減少不確定性。
- 地段成熟:多位於生活機能完善的區域,交通便利。

然而,中古屋也存在一些劣勢:

- 屋齡較高:可能需要進行維修或裝修,增加額外成本。
- 貸款成數較低:銀行對於屋齡較高的房屋,貸款成數可能較低,需自備較多資金。
- 交易過程複雜:涉及仲介、前屋主等多方,交易流程可能較為繁瑣。

第六章　房產與收藏：臺灣生活化的投資選項

預售屋的特性與優劣勢

預售屋指的是尚未建成，僅有建築計畫與模型的住宅。其主要特性包括：

- 分期付款：購屋者可分期繳納款項，減輕資金壓力。
- 可客製化：部分建商提供客製化選項，滿足個人需求。
- 潛在增值空間：若市場行情上漲，交屋時房價可能上升。

但預售屋也有其風險與劣勢：

- 交屋時間長：需等待建案完工，可能延遲入住計畫。
- 品質無法預知：購屋者無法實際檢視房屋，需信任建商。
- 市場風險：若市場下跌，交屋時房價可能低於購買價格。

2025 年市場趨勢與考量

根據 2025 年的市場趨勢，購屋者在選擇中古屋或預售屋時，需考量以下因素：

- 房價走勢：市場處於調整期，房價可能下跌，購買預售屋需謹慎評估未來價格變化。
- 貸款政策：政府對預售屋貸款成數有所限制，購屋者需準備較多自備款。

◆ 建商信譽：選擇預售屋時，應選擇有良好信譽的建商，降低風險。

案例分析

林先生在 2023 年購買了一間中古屋，因地段優越，生活機能完善，入住後生活便利。然而，屋齡較高，需進行裝修，增加了額外費用。

另一方面，張小姐於 2024 年購買了一間預售屋，因分期付款，減輕了資金壓力。但在交屋時，市場行情下跌，房價低於購買價格，造成資產縮水。

選擇適合自己的房屋類型

購屋者在選擇中古屋或預售屋時，應根據自身需求、財務狀況與市場趨勢，做出適合的選擇。若需立即入住，且重視生活機能，中古屋可能較為適合；若資金有限，且可等待交屋，預售屋則為可考慮的選項。

第六章　房產與收藏：臺灣生活化的投資選項

第五節
以租養房：現金流規劃

在臺灣房地產投資中，「以租養房」是一種常見的策略，透過租金收入支付房貸及相關費用，達到資產增值與現金流穩定的雙重目標。然而，成功實施此策略需考量多方面因素，包括地段選擇、租金收益、貸款條件、維護成本等。

以租養房的基本概念

「以租養房」指的是購買房產後，將其出租，利用租金收入支付房貸本息及其他相關費用，最終實現房產自償。此策略的核心在於租金收入能否覆蓋支出，並產生正向現金流。

例如：若購買一間總價 1,000 萬元的房屋，自備款 200 萬元，貸款 800 萬元，貸款利率 2%，貸款期限 30 年，月供約 29,600 元。若每月租金收入為 30,000 元，則可基本達到以租養房的目標。

地段選擇與租金收益

地段是影響租金收益的關鍵因素。根據租屋平臺統計，2025 年臺北市中山區套房平均租金約為每坪 1,500～1,600 元。另外，考量高需求與租金相對穩定，可推測空置率並不

高，應處於較低水準。

選擇交通便利、生活機能完善、就業機會多的地區，有助於提高租金收益與降低空置風險。

貸款條件與財務規劃

貸款條件直接影響每月還款金額，進而影響現金流。建議投資者在購屋前，與銀行洽談最適合的貸款方案，包括利率、貸款成數、寬限期等。此外，應預留應急資金，以應對突發情況，如租客退租、房屋維修等。

據業者經驗與類似市場觀察，套房維護成本（如修繕、管理、裝修折舊等）估計占物件總成本的 1%～3%。這提醒資金有限的投資人須審慎計算，否則租金收益可能被潛在支出壓縮。

案例分析

林先生於 2018 年在新北市淡水區購買一間預售屋，總價約 800 萬元，自備款 160 萬元，貸款 640 萬元，貸款利率 2%，貸款期限 30 年。交屋後以每月租金 25,000 元出租，月供約 23,700 元，實現正向現金流。六年後，該房產市值上漲至 1,200 萬元，林先生利用房產增值，再次貸款購買第二間房屋，實現以房養房的策略。

第六章　房產與收藏：臺灣生活化的投資選項

此案例顯示，選擇合適的地段與物件，並謹慎規劃財務，可成功實現以租養房的目標。

風險與挑戰

儘管以租養房具有吸引力，但仍存在風險與挑戰，包括：

- 租金波動：市場供需變化可能導致租金下降，影響現金流。
- 空置風險：租客退租或難以尋找新租客，可能導致收入中斷。
- 維護成本：房屋老化或設備損壞需進行維修，增加支出。
- 政策變動：政府對房地產市場的調控政策可能影響投資回報。

因此，投資者應密切關注市場動態，並制定應對策略，以降低風險。

謹慎規劃，實現以租養房

以租養房是一種可行的房地產投資策略，但需謹慎規劃與管理。選擇合適的地段與物件，合理安排貸款與財務，並預留應急資金，可提高成功率。此外，持續關注市場動態與政策變化，並靈活調整策略，亦是實現以租養房的關鍵。

第六節
收藏品投資：藝術、文物與生活

在多元化的投資策略中，收藏品投資逐漸受到關注。藝術品、文物等收藏品不僅具有文化與美學價值，亦可作為資產配置的一環。本節將探討收藏品投資的特性、風險與機會，並以 2025 年臺灣市場為例，提供案例與建議。

收藏品投資的特性

收藏品投資具有以下特性：

- 文化與美學價值：收藏品往往承載歷史與文化意義，具有獨特的美學價值。
- 資產多元化：與傳統金融資產相關性低，可作為資產配置的一部分，降低整體風險。
- 潛在增值空間：稀有性與市場需求可能使收藏品價值隨時間上升。

然而，收藏品投資亦存在流動性低、價格評估困難等挑戰，需謹慎評估。

第六章　房產與收藏：臺灣生活化的投資選項

▌2025 年臺灣收藏品市場概況

2025 年，臺灣收藏品市場呈現以下趨勢：

- 年輕藏家崛起：如「ONE ART Taipei 2025 藝術臺北」展會吸引眾多年輕藏家參與，降低收藏門檻，促進市場活絡。
- 當代藝術受青睞：當代藝術作品因其創新性與多樣性，成為投資者關注焦點。
- 數位藝術興起：NFT 等數位藝術形式逐漸被接受，拓展收藏品投資範疇。

這些趨勢顯示臺灣收藏品市場正朝向多元化與年輕化發展。

▌收藏品投資的風險與管理

收藏品投資面臨以下風險：

- 市場波動性：收藏品價格受市場供需影響，可能出現波動。
- 真偽鑑定困難：偽作與贗品可能影響投資價值，需依賴專業鑑定。
- 流動性低：收藏品交易市場相對狹窄，變現可能需較長時間。

為降低風險，建議投資者：

- 深入研究：了解收藏品的背景、藝術家資訊與市場行情。
- 尋求專業意見：諮詢藝術顧問、鑑定師等專業人士。
- 多元化投資：分散投資於不同類型的收藏品，降低單一風險。

案例分析

以謝亞修為例，他在倫敦蘇富比藝術學院研讀藝術史後，開始有系統地收藏藝術品，並參與「ONE ART Taipei 2025」等展會，積極推動藝術收藏的普及化。他的經驗顯示，透過專業知識與市場參與，可有效管理收藏品投資風險。

收藏品投資的策略與建議

收藏品投資結合文化、藝術與財務考量，具有獨特的吸引力。投資者應：

(1) 培養鑑賞能力：提升對藝術與文物的理解與欣賞。

(2) 建立人脈網絡：參與展覽、拍賣會等活動，拓展人脈與資訊來源。

(3) 長期規劃：將收藏品投資視為長期策略，避免短期投機行為。

透過上述策略，投資者可在收藏品市場中尋求穩定與增值的機會。

第六章　房產與收藏：臺灣生活化的投資選項

第七節
收藏投資的風險與陷阱

在投資領域中，收藏投資一直被視為兼具文化價值與財務潛力的領域。然而，收藏投資雖然看似充滿美學與歷史的光環，卻潛藏著許多不為人知的風險與陷阱。對於臺灣投資人而言，若缺乏謹慎的評估與專業知識，輕易投入收藏市場，可能不僅無法獲利，反而淪為投機的犧牲品。

▌藏品市場的結構性風險

首先，收藏市場本身缺乏像股票、債券市場那樣的透明與標準化。藝術品與文物的價格高度主觀，受制於拍賣行情、買賣雙方談判以及藏家的心理因素等。根據 2025 年臺灣國際拍賣會的統計，藝術品成交價格高低起伏劇烈，短期內可能相差數倍。

例如：在 2024 年臺北藝術拍賣市場中，個別當代水墨作品在春拍熱絡時成交熱潮，但部分於秋拍重出拍場，成交價格卻大幅回落，跌幅可能高達 30% 甚至更多。這反映出拍賣行情極度依賴市場氛圍與買家情緒，若缺乏投資經驗，極易造成短期資金重挫。

第七節　收藏投資的風險與陷阱

▍偽作與真偽難辨的挑戰

收藏投資最大風險之一,就是面臨偽作或贗品的問題。尤其是藝術市場中,名家名作極具吸引力,也最容易被造假集團盯上。

由於真偽鑑定需專業眼光與經驗,許多投資人因過於信任中介或網路資訊,未做充分查驗,就投入大筆資金,最終蒙受巨大損失。這提醒投資人,收藏投資並非單靠美感與熱情,必須依賴專業鑑定與可信管道。

▍流動性與資金占用的風險

與一般金融商品不同,收藏品的流動性普遍偏低。當投資人急需資金時,可能面臨藏品無法快速變現或只能賤價出售的窘境。黃先生分享,自己在2019年購入一尊明代佛像,當時因看好文物市場的熱潮,投入超過200萬元。但2022年家庭資金週轉困難,他想出售佛像時,發現拍賣行估價僅剩下120萬元,且還需要漫長的拍賣流程才能變現。

這樣的例子告訴我們,收藏投資不宜過度占用可動用資金,應視為長期配置,而非短期投機工具。

第六章　房產與收藏：臺灣生活化的投資選項

▋收藏投資的心理陷阱

除了市場與偽作風險，投資人自身的心理陷阱也是常見問題。收藏市場常被包裝成「高雅」與「高報酬」的結合，許多人因此放鬆警戒，忽略基本的風險管理。國際心理學研究指出，收藏品因其藝術光環，容易讓人陷入「沉沒成本謬誤」—— 投資者因已投入大量時間與金錢，不願面對市場修正，反而繼續加碼。

一位熱衷攝影作品的投資人陳小姐分享，自己曾因喜愛某攝影師風格，陸續購入其多件作品，投入超過百萬元。後來市場趨冷，價格腰斬，但她因「捨不得賣」而錯失止損機會。這種情況反映了投資人心理層面必須克服的挑戰。

▋藝文收藏的高低潮

以 2022～2025 年間，臺灣當代藝術市場為例。2022 年當代陶藝作品在市場中大放異彩，部分年輕陶藝家的作品從十萬元漲到三十萬元。但 2024 年後，市場興趣轉向數位藝術與 NFT，部分陶藝作品成交價下滑近五成。這段期間，許多跟風買入的投資人紛紛陷入高價套牢，資金長期卡住。

同時，也有成功的收藏投資故事。吳先生從 2018 年起持續關注臺灣當代畫家的發展軌跡，透過多次參與畫廊展覽與國際藝術節，建立了堅實的研究基礎與人脈。2024 年，他將

第七節　收藏投資的風險與陷阱

其中兩幅作品轉手給國際買家，獲得了超過兩倍的報酬。吳先生的例子說明，收藏投資若有長期視野與專業眼光，確實能創造資產增值的可能。

理性面對收藏市場的挑戰

收藏投資看似光彩奪目，但背後蘊藏的風險與挑戰，絕不容忽視。投資人應隨時提醒自己，熱愛藝術與珍惜文化，並不等於盲目投入資金。唯有透過理性分析、謹慎規劃，才能在藝術與資產之間，找到平衡與智慧。

第六章　房產與收藏：臺灣生活化的投資選項

第八節
讓收藏成為生活品味的一部分

在現代社會，投資不僅僅是關於金錢報酬的追求，更多時候，它與生活的美感與品味息息相關。收藏品投資，正是一個結合美學、文化與財務價值的領域，能夠在生活的點滴中，帶來更多的趣味與深度。

收藏與生活美學的結合

在許多人的印象中，收藏投資往往是高不可攀的活動，似乎只有財力雄厚的企業家與名人才能參與。事實上，收藏的世界比我們想像的要多元、親民。從版畫、攝影作品、陶藝器皿，到古董小物、設計家居，這些都能成為生活空間中的亮點。

2025 年臺北松山文創園區舉辦的「松市」生活美學博覽會，以「過站｜不停 PASS」為主軸，邀請多家插畫、品牌與手作攤位，展示像陶瓷、小型雕塑與生活選物。此展不僅吸引家庭與年輕族群參與，也象徵當代藝術收藏由「高價資產」轉為融入日常的生活美學文化。

第八節　讓收藏成為生活品味的一部分

▌收藏如何豐富生活

陳小姐是一位自由工作者，熱愛旅行與手作。她從 2018 年開始，透過旅遊在各地小型藝廊與市集購入陶藝杯與木雕小物。這些收藏品雖然價格不高，卻成為她家中最能展現個人品味的元素。陳小姐分享，當朋友來家中作客，總能透過這些小收藏講述一段段旅行與探索的故事。

另一位例子是李先生，從 2020 年起開始收藏當代攝影作品，並與攝影師建立了良好的交流。這讓他的家不僅有著美感豐富的裝飾牆面，也讓他自己在欣賞影像時，能更深入地理解藝術家背後的思維。對李先生來說，這些收藏已經不只是投資，而是生活靈感的泉源。

▌收藏帶來的生活儀式感

在忙碌的生活節奏中，許多人渴望一些儀式感，來提醒自己慢下腳步、體會當下。收藏品，尤其是具有手感與藝術價值的作品，往往就是這樣的存在。無論是用一個手工陶杯喝茶，還是用設計師小凳子擺放一本最愛的書，這些收藏都在日常生活裡，創造出專屬的溫度。

專家指出，適度的收藏行為，能夠培養我們的審美能力，也能讓我們更懂得欣賞日常中的小確幸。這種結合美學與情感的力量，是金錢投資之外，更長久的收穫。

第六章　房產與收藏：臺灣生活化的投資選項

▍收藏品與人脈資源的建立

收藏投資也讓許多人因此走進藝術與文化社群，拓展人脈與視野。臺灣每年舉辦的各式藝術博覽會、拍賣會與市集，都是藏家交流的重要場合。在這些場合中，許多新手收藏者因為對作品的好奇，認識了藝術家與專業顧問，獲得了許多第一手的市場資訊與靈感。

像是 2025 年的臺北國際藝術博覽會，就吸引了許多企業主與年輕專業人士參與。這不僅讓他們的投資視野更開闊，也透過藝術與收藏，建立起與國際市場接軌的人脈資源。

讓收藏與生活相輔相成

讓收藏成為生活品味的一部分，不只是財務上的投資，更是一種生活態度。投資人或藏家若能放下對價格的執著，轉而從作品背後的故事、藝術家的理念、與家中生活的契合度出發，往往能在收藏與生活之間，找到更深層的滿足感。

第九節
臺灣房市與收藏故事

在臺灣這片土地上，房地產與收藏市場一直都是最能展現人們夢想與財富規劃的場域。從買房到收藏藝術品，每一個決策都與生活密切相關，也反映了投資人的心態與價值觀。本節將透過案例，分享臺灣人在房市與收藏世界裡的酸甜苦辣，並探索這些經驗如何影響投資心態與策略。

▌房市案例一：新北市青年家庭的置產夢

2023 年，新北市板橋區的林先生與陳小姐，為了孩子的學區與通勤便利，決定購入一間 30 坪的中古屋。當時，房價高漲與政府打炒房政策並行，他們面臨的不只是金錢壓力，更有市場不確定性。

林先生分享，起初他們想直接買新成屋，但預算有限，最後選擇了一間屋齡約 20 年的中古屋。雖然需要一些整修費用，但地段成熟，生活機能完善。透過親自實地考察，與房仲多次討論價格，他們終於以合理的價格入手，並申請到低利率的房貸方案，確保了每月房貸負擔在可控範圍內。

這個過程讓他們體認到，買房不是一時衝動，而是長期

的計畫。林先生說:「房市有起有落,但家人的安全感與生活品質是最重要的。」

房市案例二:桃園市包租公的以租養房之路

臺灣房市不只是一個自住的選項,對許多人而言,還是實現財務自由的工具。桃園市的張先生是一位 45 歲的中小企業主,從 2015 年開始,就有意識地在機場捷運沿線購置小套房作為出租物件。

張先生分享,當時他的策略是:靠近交通節點、屋齡不超過十年、低總價物件。透過租金收入,他每個月的貸款幾乎能用租金來償付,逐漸累積了四間小套房。隨著桃園的就業人口與捷運沿線生活圈的成形,他的出租物件租金穩定上升。

張先生說:「最難的是第一間,後面只要策略正確,資金運用就會愈來愈靈活。」

收藏故事一:陶藝愛好者的收藏之路

收藏的世界同樣充滿了故事。吳小姐原本只是在文創市集中購買手作陶杯,沒想到這個愛好變成了她的收藏起點。她開始參加各種手作陶藝展覽,漸漸從實用陶杯轉向收藏限量陶藝作品。

吳小姐分享：「我喜歡的不只是陶藝品本身，還有背後的故事與藝術家的想法。」她透過認識陶藝家，理解作品的脈絡，漸漸把收藏當作一種生活方式，而非投資工具。2024年，她的部分收藏已經被收藏家朋友以兩倍價格收購，但她說：「賺不賺錢不是我最在意的，重點是這些作品每天都能帶給我靈感與溫度。」

▌收藏故事二：藝術品投資的驚險與成就

相對於生活化的收藏，陳先生則是從更專業的角度切入藝術市場。2019年，他開始參加國內外拍賣會，專門鎖定臺灣當代藝術家的早期作品。他說：「我看中的是藝術家的成長曲線與市場認同度。」

這條路並不平順。2020年疫情時，市場信心低迷，他買入的幾件作品價格腰斬，讓他非常焦慮。但他並沒有急著賣出，反而在2022年當藝術家國際展出後，作品行情水漲船高，賣出其中一幅就獲利近三倍。

陳先生說：「收藏投資跟股票很像，要有耐心與對市場的理解，還要懂得分散風險。」

第六章　房產與收藏：臺灣生活化的投資選項

> **投資心態與生活態度的交集**
>
> 理性思維與生活熱情，缺一不可。房地產與收藏，都不只是冷冰冰的數字或價格，而是關於家的安全感、生活的品味，以及面對風險與變化的態度。投資人若能在財務規劃中融入這份生活感，往往能走得更遠，也更快樂。

第十節 房產與收藏的長期規劃

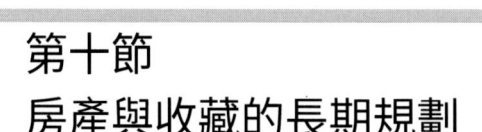

在投資理財的世界裡,房地產與收藏品一直是備受矚目的資產類別。然而,隨著市場環境的變化與個人財務目標的多元化,如何進行長期規劃,成為投資人必須面對的重要課題。本節將探討房產與收藏的長期規劃策略,並透過案例提供實務上的建議。

房產長期規劃的核心要素

房地產投資的長期規劃,需考量以下幾個核心要素:

1. 地段選擇

地段是影響房產價值的關鍵因素。選擇交通便利、生活機能完善、未來發展潛力高的地區,有助於資產的保值與增值。

2. 資金規劃

合理的資金配置與貸款安排,能降低財務風險。建議預留足夠的緊急預備金,以應對突發狀況。

3. 稅務考量

了解相關稅制,如房屋稅、地價稅、所得稅等,並進行適當的稅務規劃,能有效降低稅負。

4. 物業管理

長期持有房產需進行妥善的物業管理，包括維修保養、租賃管理等，以維持資產價值。

收藏品長期規劃的策略

收藏品投資的長期規劃，則需注重以下策略：

- 專業知識：深入了解收藏品的歷史背景、藝術價值與市場行情，是成功投資的基礎。
- 真偽鑑定：確保收藏品的真實性，避免購買贗品。建議尋求專業鑑定機構的協助。
- 保存與保險：妥善保存收藏品，並投保適當的保險，以防止損失。
- 市場流動性：考量收藏品的市場流動性，選擇較易轉手的品項，有助於資產的變現。

案例分析

案例一

王先生於 2010 年在臺北市購置一間公寓，並長期持有。他選擇位於捷運沿線、學區良好的地段，並定期進行物業維護。經過十年的持有，該房產價值翻倍，並帶來穩定的租金收入。

案例二

　　李小姐熱愛藝術,從 2015 年開始收藏當代藝術作品。她積極參與藝術展覽,並與藝術家建立良好關係。透過專業鑑定與妥善保存,她的收藏品在市場上逐漸增值,成為她資產配置的重要一環。

整合房產與收藏的長期規劃

　　房產與收藏品的長期規劃,需結合專業知識、財務管理與市場洞察。投資人應根據自身的財務目標與風險承受能力,制定適合的策略,並持續學習與調整,以實現資產的穩健增值。

第六章　房產與收藏：臺灣生活化的投資選項

章節回顧

　　本章聚焦臺灣民眾熟悉的房地產與收藏品市場，介紹房屋類型、購屋準備、以租養房等操作方式，並探討收藏品如藝術、文物的投資潛力與風險。透過實例分析與市場觀察，幫助讀者看懂房市趨勢與收藏價值，將生活美學與理財結合，實現長期資產增值。

第七章
保險與信託：
保障你的投資安全

第七章　保險與信託：保障你的投資安全

第一節
生活中的保障：認識保險的本質

在現代社會中，保險早已成為每個人生活中不可或缺的保障工具。無論是人壽、醫療，還是財產損失，保險的存在幫助我們面對意外與風險，維護生活的安定。然而，許多人對保險的認識往往停留在「被推銷」的層面，缺乏對保險本質的深入理解。本節將從保險的起源、功能、特性出發，協助讀者建立正確的保險觀念，並分享案例與策略，讓保險真正成為投資與生活的安全網。

▌保險的起源與演進

保險的概念源於古代社會的集體互助精神。最早的保險形式可追溯至西元前 2250 年巴比倫的《漢摩拉比法典》，其中記載了商人因應海上運輸風險而進行的集體分攤制度。進入現代社會，保險不再只是鄰里之間的相互扶持，而是透過專業機構，依照契約條款保障個人或家庭的經濟安全。

隨著風險多樣化與社會變遷，保險的範圍逐步擴大，涵蓋了人壽、健康、意外、財產與責任等多面向。這也讓保險成為每個家庭財務規劃的重要一環。

第一節　生活中的保障：認識保險的本質

保險的核心功能與特性

保險的最大功能，在於「風險分散」與「經濟補償」。透過保險，個人或家庭能以相對低廉的保費，將可能發生的巨額風險轉嫁給保險公司。這種「以小博大」的機制，使保險成為面對不可預測事件時的經濟緩衝。

保險的特性主要展現在以下幾點：

◆ 集體分擔：眾多投保人共同分攤風險，實現互助與分散。
◆ 契約保障：保險關係以契約為基礎，保障雙方權益。
◆ 經濟補償：當事故發生時，保險公司依法理賠，協助受害者度過難關。
◆ 生活穩定：透過保險，個人與家庭的生活品質得以維持，減少意外對生活的衝擊。

保險保障的重要性

2024 年，陳先生因罹患癌症而無法工作。幸好，他在年輕時已投保重大疾病險與醫療險，讓他在治療期間能減輕經濟負擔，專心抗癌。陳先生分享：「當初保險業務員建議我投保時，我還嫌麻煩，現在回想起來，真的是當初的決定救了我和家人。」

與之對照的，是黃小姐，她在工作初期因預算考量，未

曾購買任何保險。2023 年，她因車禍需住院兩個月，龐大的醫療費用讓家裡負擔沉重，也迫使她變賣家中收藏的藝術品來支付醫藥費。這個故事提醒我們，保險雖無法完全避免意外，卻能在意外發生時，提供最實質的經濟保障。

保險與生活的結合：不只是投保，更是生活態度

很多人將保險視為「被迫」購買的商品，卻忽略了它與生活的深刻連結。保險不只是冷冰冰的契約，而是展現對家人責任與自我保障的態度。從保障家庭經濟基礎到維護生活品質，保險的意義遠超過一份保單。

專家提醒，保險的本質在於風險管理，而非賺錢工具。若過度追求「保單投資報酬率」，反而可能失去保險最初的價值。唯有將保險視為生活的一部分，定期檢視保障是否符合人生階段與家庭需求，才能真正發揮它的功能。

讓保障成為穩定的力量

在多變的世界裡，無人能預測下一個風險何時發生。保險正是因應這種不確定性的工具，協助我們在逆境中維持生活的穩定與尊嚴。透過正確的認知與理性的選擇，保險不僅是投資組合的一環，更是生活智慧的展現。

第二節
人壽、醫療與財產保險的選擇

在現代社會中，保險已成為個人與家庭財務規劃的重要一環。然而，面對市場上琳瑯滿目的保險產品，如何選擇適合自己的人壽、醫療與財產保險，成為許多人的難題。本節將深入探討這三類保險的特性、功能與選擇策略，並結合 2025 年的市場趨勢與案例，協助讀者建立正確的保險觀念。

人壽保險：為家人留下保障

1. 人壽保險的基本概念

人壽保險主要分為定期壽險與終身壽險。定期壽險提供在特定期間內的保障，若被保人於保險期間內身故，保險公司將給付保險金。終身壽險則提供終身保障，並具有儲蓄功能，可作為資產傳承的工具。

2. 選擇人壽保險的考量因素

- 家庭責任：若為家庭主要經濟支柱，應考慮購買足額的人壽保險，以保障家人生活。
- 財務目標：若有資產傳承或稅務規劃需求，終身壽險可能較為適合。

第七章　保險與信託：保障你的投資安全

- 預算限制：定期壽險保費較低，適合預算有限但需高保障的人士。

3. 人壽保險市場趨勢

根據惠譽信評的報告，2025 年臺灣壽險業保費收入預期適度成長，保險公司將持續優化業務組合，專注提高合約服務邊際。

醫療保險：應對突如其來的醫療費用

1. 醫療保險的類型

- 住院醫療保險：涵蓋住院期間的醫療費用，包括病房費、手術費等。
- 實支實付醫療保險：依實際支出金額給付，補償健保未涵蓋的部分。
- 重大疾病保險：針對特定重大疾病提供一次性給付，協助被保人應對高額醫療費用。

2. 選擇醫療保險的考量因素

- 醫療需求：根據自身健康狀況與家族病史，選擇適合的醫療保險。

- 保費預算：考量保費與保障範圍的平衡，選擇性價比高的產品。
- 保險公司信譽：選擇理賠服務良好、財務穩健的保險公司。

3. 醫療保險市場趨勢

根據 Finfo 保險部落格分析，2025 年實支實付醫療險將成為市場主流，建議消費者選購時應掌握四大重點：保障條款以概括式為佳、門診手術必須涵蓋、手術費用不侷限於健保標準、並確認是否支援副本理賠。

財產保險：保護個人與家庭資產

1. 財產保險的範疇

財產保險涵蓋範圍廣泛，包括住宅火災險、汽車保險、旅遊保險等。其主要功能是保障個人或家庭的財產免受意外損失。

2. 選擇財產保險的考量因素

- 資產價值：根據財產的實際價值選擇保額，避免過度或不足保障。
- 風險評估：考量所在地區的自然災害風險，如地震、颱風等，選擇適當的附加條款。

第七章　保險與信託：保障你的投資安全

◆ 保險條款：仔細閱讀保單條款，了解保障範圍與除外責任。

3. 財產保險市場趨勢

根據《現代保險》雜誌的報導，2025 年臺灣產險保費有望突破三千億大關，顯示財產保險市場持續成長。

▋案例分析

案例一：人壽保險的家庭保障

林先生作為家庭主要經濟支柱，於 2020 年購買了一份終身壽險，保額新臺幣 500 萬元。2023 年不幸因病去世，保險金協助家人度過經濟難關，維持生活品質。

案例二：醫療保險的實際應用

張小姐於 2022 年投保實支實付醫療保險，2024 年因車禍住院，產生高額醫療費用。保險公司依實際支出給付，減輕了她的經濟壓力。

案例三：財產保險的風險轉移

王先生於 2023 年為自宅投保住宅火災險，2025 年因電線走火導致部分損失，保險公司迅速理賠，協助他修復房屋，恢復正常生活。

第二節　人壽、醫療與財產保險的選擇

建立全面的保障網絡

人壽、醫療與財產保險各有其功能與特性，選擇適合的保險產品，能夠為個人與家庭建立全面的保障網絡。在選購保險時，應根據自身需求、財務狀況與風險承受能力，謹慎評估，做出明智的決策。

第三節
保險與理財的關係

在個人或家庭的理財規劃中,保險扮演著舉足輕重的角色。許多人將保險視為一種「保障」,卻忽略了它與理財目標密不可分的關聯。事實上,保險不只是風險管理的工具,更是資產配置的重要一環。透過聰明的保險規劃,投資人可以在保障家人與自身安全的同時,兼顧資產的增值與流動性需求。

▎保險作為理財的第一步

理財的核心,在於管理風險與創造收益。風險管理永遠應該是優先的課題。保險的設計正是基於這個前提——先確保生活與家人的基本保障,再談財務目標的實現。

許多理財專家指出,最理想的理財規劃順序,應該是「先保障,後投資」。原因在於,若沒有基本保障,一旦發生重大意外或疾病,投資計畫可能瞬間化為泡影。保險能協助投資人避免「因小失大」的風險,保護累積已久的財富基礎。

▎保險與資產配置的互補角色

從資產配置的角度來看,保險屬於「低風險、低波動」的資產。它的存在,讓投資人可以在承擔較高風險的投資組合

(如股票或基金)時，擁有心理與實際的保障基礎。

例如：王先生是一位熱衷於股市投資的上班族。雖然他的投資組合報酬率不俗，但他始終堅持持有足額的人壽與醫療保險。他說：「我把保險當作我的防火牆。這樣一來，即使市場波動，我也不會失去對生活的安全感。」

保險與財富傳承的橋梁

除了承擔風險，保險也是財富傳承的重要工具。特別是終身壽險與投資型保單，具備累積資產與延續財富的功能。當家庭財富達到一定程度，投資人往往會思考如何將財富有效傳承給下一代。這時，保險的角色便顯得格外重要。

以張先生為例，他是一位退休企業主，持有相當可觀的不動產與投資資產。考慮到子女的未來，他與保險顧問合作，運用終身壽險做為遺產分配的工具，並藉由信託規劃，確保財富能在家族中穩定流轉。這樣的規劃，不僅讓資產配置更完善，也展現了對家庭的責任與愛。

保險結合理財的多元面貌

案例一：新竹工程師的家庭保障

林小姐是一位工程師，家庭月收入穩定。2021 年，她決定結合保險與理財，為家庭打造一個穩健的財務基礎。她購

第七章　保險與信託：保障你的投資安全

買了高保障額度的定期壽險，搭配實支實付型醫療險。剩餘的資金，她投入成長型 ETF，兼顧保障與資產增值。

林小姐說：「有了保險，我投資 ETF 時也比較放心。因為我知道，就算市場下跌，家人的安全不會受影響。」

案例二：收藏家與保險的結合

陳先生是位收藏家，他對藝術品的熱愛成就了一筆不小的資產。然而，他也清楚收藏市場的波動。2022 年，他透過與保險經紀人合作，購買了投資型保單，兼顧投資收益與保障。他認為：「收藏是生活的美學，保險是生活的安全。兩者不能互相取代，反而應該互補。」

保險與理財的雙軌並行

保險與理財並非對立，而是雙軌並行。真正完善的財務規劃，應該同時關注保障與收益，兩者缺一不可。對大多數臺灣家庭而言，保險是抵禦風險、維護生活穩定的第一道防線，也是財務自由道路上的助力。

第四節
如何判斷自己的保障需求

在現代社會中,保險已成為個人與家庭財務規劃的重要一環。然而,面對市場上琳瑯滿目的保險產品,如何選擇適合自己的保障,成為許多人的難題。本節將深入探討如何評估自身的保障需求,並結合 2025 年的市場趨勢與案例,協助讀者建立正確的保險觀念。

認識保障需求的基本概念

保障需求是指個人在面對各種風險時,所需的經濟支援程度。這包括了生活費、醫療費、教育費等。評估保障需求的第一步,是了解自己的財務狀況、家庭責任與未來目標。

評估自身風險承受能力

每個人的風險承受能力不同,這取決於收入穩定性、資產負債狀況、家庭結構等因素。例如:單身人士可能較能承受風險,而有家庭責任者則需更謹慎。

第七章　保險與信託：保障你的投資安全

▌計算所需保障額度

計算保障額度時，可考慮以下因素：

- 生活費用：估算家庭每月所需的基本生活費，乘以預計需要保障的年數。
- 教育費用：若有子女，需考慮其教育支出。
- 醫療費用：考慮未來可能的醫療支出，包括重大疾病治療費用。
- 債務：包括房貸、車貸等，需確保在風險發生時，家人不會因債務而陷入困境。

根據《商業周刊》的建議，初出社會的年輕人建議的壽險保額範圍是 300～1,000 萬；已婚但無子女者建議 500～1,000 萬；已婚且有子女者建議 1,000～2,500 萬。

▌利用試算工具輔助評估

為了更精確地評估保障需求，建議使用壽險公會的「保障需求分析」試算表。透過填寫婚姻狀況、子女教育程度與花費、已備存款與投資等資訊，系統可快速試算出適合的壽險保額。

第四節　如何判斷自己的保障需求

考慮不同人生階段的需求

隨著人生階段的變化,保障需求也會有所不同:

- 單身階段:主要考慮自身的醫療與意外保障。
- 成家立業階段:需考慮配偶與子女的生活與教育保障。
- 中年階段:可能需增加長期照護與退休保障。
- 退休階段:重點轉向醫療與長照保障,並考慮資產傳承。

根據全球人壽的建議,應掌握保險三大原則:先保大再保小、先保近再保遠、先求有再求好。

案例分析

案例一:新竹工程師的家庭保障

林小姐是一位工程師,家庭月收入穩定。2021年,她決定結合保險與理財,為家庭打造一個穩健的財務基礎。她購買了高保障額度的定期壽險,搭配實支實付型醫療險。剩餘的資金,她投入成長型 ETF,兼顧保障與資產增值。

案例二:收藏家與保險的結合

陳先生是位收藏家,他對藝術品的熱愛成就了一筆不小的資產。然而,他也清楚收藏市場的波動。2022年,他透過

第七章　保險與信託：保障你的投資安全

與保險經紀人合作，購買了投資型保單，兼顧投資收益與保障。他認為：「收藏是生活的美學，保險是生活的安全。兩者不能互相取代，反而應該互補。」

> ### 建立全面的保障網絡
>
> 評估自身的保障需求是一項持續的過程，需隨著人生階段與財務狀況的變化而調整。透過正確的評估與規劃，保險能夠為個人與家庭建立一個穩固的財務防護網，應對未來的不確定性。

第五節
信託概念入門：財富的傳承工具

在現代財務規劃中，信託已成為高資產族群進行財富傳承與資產保全的重要工具。然而，對於多數人而言，信託仍是一個相對陌生的概念。本節將深入探討信託的基本概念、功能、類型，以及在臺灣的實務應用，並透過案例，協助讀者建立對信託的正確認識。

信託的基本概念

信託是一種法律關係，指委託人將財產交付給受託人，由受託人依照信託契約的約定，為受益人的利益或特定目的管理和處分該財產。信託的三大要素包括：委託人、受託人和受益人。

信託的主要功能包括：

- 財富傳承：透過信託安排，確保財產依照委託人的意願傳承給下一代。
- 資產保全：將財產置於信託中，可避免因債務、婚姻或其他法律糾紛導致資產流失。
- 稅務規劃：適當的信託安排可達到節稅效果，降低遺產稅負擔。

- 生活照護：透過信託安排，確保年長者或身心障礙者的生活費用得到妥善管理。

信託的類型

根據設立方式和目的的不同，信託可分為以下幾種類型：

- 生前信託：委託人在生前設立，於生效後即開始運作，常用於資產管理和傳承。
- 遺囑信託：委託人於遺囑中設立，於其身故後生效，用於遺產分配和管理。
- 公益信託：以公益為目的，資產用於慈善、教育、醫療等公共利益。
- 特定目的信託：如教育信託、安養信託等，資產用於特定用途。

此外，根據信託財產的性質，信託可分為金錢信託、不動產信託、有價證券信託等。

信託在臺灣的實務應用

根據中國信託銀行與資誠於 2025 年發布的《臺灣高資產客群財富報告》，已有 48％的高資產受訪者已啟動財富傳承規劃，其中家族信託成為最受重視的工具之一，相較 2021 年

第五節　信託概念入門：財富的傳承工具

成長13%。這顯示信託制度在高資產族群中獲得高度接受，也代表財富規劃正逐步走向制度化與下一代布局。

然而，信託在實務操作中仍面臨一些挑戰。例如：銀行對於高齡客戶的信託業務推動意願較低，主要原因包括擔心後續責任、信託業務利潤較低，以及基層員工的績效壓力等。此外，信託設立過程中的法律程序、稅務規劃和家族溝通等，也需要專業的協助。

▌案例分析

案例一：土地變現與信託安排

某人來自南部家庭，持有一塊千坪土地，經過多年努力，最終成功出售。面對資產變現後的稅務問題，決定透過信託安排，將部分資產贈與配偶，並逐年贈與子女，以降低未來的遺產稅負擔。然而，在與銀行洽談信託業務時，卻遭遇到銀行對高齡客戶信託業務興趣低的問題，最終透過證券理財專員的協助，才順利完成金錢信託的簽約。

案例二：家族信託的傳承規劃

根據《2025年臺灣高資產客群財富報告》，高資產族群對財富傳承的重視程度持續攀升，已有48%的受訪者已啟動傳承規劃。家族信託在眾多工具中脫穎而出，成為備受青睞的核心機制之一。透過家族信託制度，委託人可將資產交由受

247

託人專業管理,並依照契約條件定期給付或分配予指定受益人,確保資產在多世代之間穩健、有序地傳承與運用。

信託的優勢與限制

優勢:

- 資產保全:信託可避免資產因債務、婚姻或其他法律糾紛而流失。
- 稅務規劃:透過適當的信託安排,可達到節稅效果,降低遺產稅負擔。
- 靈活性:信託契約可依照委託人的意願設計,滿足不同的需求。
- 保密性:信託的運作具有一定的保密性,有助於保護家族隱私。

限制:

- 設立成本:信託設立需要一定的法律和行政成本。
- 管理複雜性:信託的管理需要專業知識,對於一般家庭而言,可能較為複雜。
- 受託人選擇:選擇合適的受託人是信託成功的關鍵,需謹慎考量。

第五節　信託概念入門：財富的傳承工具

信託在財富傳承中的角色

信託作為財富傳承的重要工具，具有資產保全、稅務規劃和靈活管理等多重優勢。然而，在實務操作中，仍需面對設立成本、管理複雜性和受託人選擇等挑戰。因此，建議有意進行信託規劃的讀者，應尋求專業的法律和財務顧問的協助，確保信託的順利設立與運作。

第七章　保險與信託：保障你的投資安全

第六節 家庭信託的規劃與運用

在臺灣，隨著社會結構的變遷與高齡化的加劇，家庭信託逐漸成為財富管理與傳承的重要工具。透過信託的安排，家庭可以有效地管理資產、保障成員的生活品質，並確保財富的順利傳承。本節將深入探討家庭信託的規劃與運用，並結合案例，協助讀者建立對家庭信託的正確認知。

▌家庭信託的基本概念

家庭信託是一種法律安排，委託人將財產交付給受託人，由受託人依照信託契約的約定，為受益人的利益或特定目的管理和處分該財產。在家庭信託中，受益人通常為家庭成員，目的在於保障家庭成員的生活、教育、醫療等需求，並確保財產的穩定傳承。

▌家庭信託的主要功能

（1）資產保全與管理：透過信託，家庭可以將資產集中管理，降低資產分散所帶來的風險，並確保資產的安全性。

（2）財富傳承：信託可以明確規定財產的分配方式與時間，避免因繼承問題引發的家庭糾紛，確保財富的順利傳承。

(3)生活保障：對於年幼、年長或身心障礙的家庭成員，信託可以提供穩定的生活費用，保障其基本生活需求。

(4)稅務規劃：透過合理的信託安排，可以達到節稅的效果，降低贈與稅與遺產稅的負擔。

家庭信託的設立流程

(1)明確信託目的：首先，委託人需明確設立信託的目的，例如資產管理、生活保障或財富傳承等。

(2)選擇受託人：受託人可以是專業的金融機構或信任的個人，需具備良好的信譽與管理能力。

(3)擬定信託契約：信託契約需明確規定信託財產的範圍、受益人、給付方式、信託期間等內容。

(4)資產交付與登記：委託人需將信託財產交付給受託人，並完成相關的登記手續。

(5)信託管理與監督：受託人需依照契約約定，妥善管理信託財產，並定期向委託人或信託監察人報告。

案例分析

案例一：安養信託保障高齡生活

張先生（化名）是一位 70 歲的退休公務員，擔心未來可能因健康狀況無法自行管理財務，且害怕遭受詐騙或財產

第七章　保險與信託：保障你的投資安全

被不當使用。他決定將部分資產設立安養信託，委託銀行作為受託人，並指定自己為受益人。信託契約中約定，銀行每月從信託財產中撥付一定金額作為張先生的生活費，並在需要時支付醫療或照護費用。此外，張先生還指定了信託監察人，以監督信託的執行，確保契約內容被遵守。透過這樣的安排，張先生的財產得以妥善管理，生活需求也有了保障，減少了未來的憂慮。

案例二：保險金信託照顧未成年子女

陳先生（化名）是一位單親父親，育有一名 10 歲的女兒。為了確保女兒在自己不幸離世後仍能獲得妥善照顧，陳先生購買了一份人壽保險，並與銀行簽訂保險金信託契約。契約中約定，若陳先生身故，保險公司將理賠金直接匯入信託專戶，由銀行依契約內容管理運用。例如：每月撥付一定金額作為女兒的生活費，並在需要時支付教育或醫療費用。此外，陳先生指定了其兄長擔任信託監察人，負責監督銀行的執行情況，確保資金按照契約約定使用。透過此安排，陳先生確保了女兒未來的生活與教育資金，避免資金被不當使用。

▍家庭信託的注意事項

(1) 選擇合適的受託人：受託人的誠信與專業能力對信託的成功至關重要，建議選擇具有良好信譽的金融機構或專業人士。

(2)明確信託條款：信託契約應詳細規定各項條款，避免日後產生爭議。

(3)定期檢視與調整：隨著家庭狀況的變化，應定期檢視信託內容，並進行必要的調整。

(4)稅務規劃：信託的設立可能涉及贈與稅與遺產稅，建議在設立前諮詢專業的稅務顧問，進行妥善的稅務規劃。

家庭信託的價值與實踐

家庭信託作為一種靈活且具保護性的財務工具，能夠協助家庭實現資產的穩定傳承與管理。透過合理的信託安排，不僅可以保障家庭成員的生活品質，還能有效地進行稅務規劃，降低財務風險。然而，信託的設立與管理需要專業的知識與經驗，建議讀者在進行信託規劃時，應與專業顧問合作，量身打造最適合自身需求的信託方案，確保財富的永續傳承。

第七章　保險與信託：保障你的投資安全

第七節 保險與信託的搭配策略

在現代財務規劃中，保險與信託各自扮演著重要角色。保險提供風險保障，而信託則協助資產管理與傳承。將兩者結合，能夠創造出更全面的財務保護與資產配置方案。本節將探討保險與信託的搭配策略，並透過案例，說明其在臺灣的應用與效益。

保險與信託的結合意義

保險與信託的結合，主要在於發揮各自的優勢，達到風險保障與資產管理的雙重目的。保險提供即時的經濟支援，信託則確保資產的長期管理與分配。透過結合，能夠：

◆ 確保保險金的專款專用，避免被不當使用。
◆ 為特定受益人（如未成年人、身心障礙者）提供長期照護。
◆ 實現資產的有序傳承，減少家庭糾紛。

保險與信託的搭配方式

在實務上，保險與信託的搭配方式多樣，以下列舉幾種常見的組合：

- 保險金信託：將保險理賠金納入信託，由受託人依照契約管理與分配，確保資金用於指定用途。
- 安養信託：將退休金或其他資產納入信託，確保老年生活的穩定與品質。
- 教育信託：為子女的教育費用設立信託，確保資金的專款專用。
- 結合型信託：將保險金與其他資產共同納入信託，進行整體的財務規劃與管理。

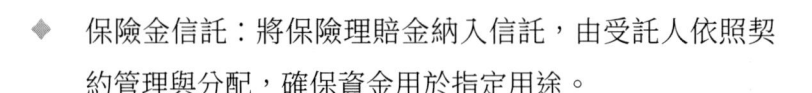

保險與信託搭配的注意事項

在進行保險與信託的搭配時，需注意以下事項：

- 明確的契約內容：信託契約需詳細規定資金的用途、撥付方式、受益人等，避免日後產生爭議。
- 選擇合適的受託人：受託人需具備良好的信譽與管理能力，能夠妥善管理信託財產。
- 設置信託監察人：信託監察人可監督受託人的行為，確保信託的執行符合委託人的意願。
- 定期檢視與調整：隨著家庭狀況的變化，應定期檢視信託內容，並進行必要的調整。

第七章　保險與信託：保障你的投資安全

保險與信託的協同效應

保險與信託的結合，能夠發揮各自的優勢，提供更全面的財務保障與資產管理方案。透過合理的搭配，家庭可以確保資產的安全與傳承，並保障成員的生活品質。然而，保險與信託的設立與管理需要專業的知識與經驗，建議讀者在進行規劃時，應與專業顧問合作，量身打造最適合自身需求的方案，確保財富的永續傳承。

第八節
保險與信託成功故事

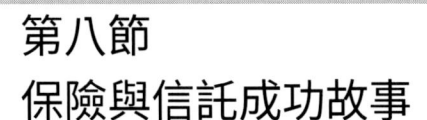

在現代財務規劃中，保險與信託的結合已成為保障家庭成員、實現財富傳承的重要工具。透過案例，我們可以更深入地了解這些金融工具如何在現實生活中發揮作用，協助家庭面對各種挑戰。

結合保險與信託：實現財富的有序傳承

王先生是一位白手起家的企業家，累積了豐厚的財富。但他深知子女們從小生活優渥，缺乏理財觀念，擔心他們在繼承財產後，會不善理財，甚至揮霍殆盡。因此，王先生選擇透過壽險及保險金信託的方式，規劃財富傳承。他將子女指定為壽險受益人，並與銀行簽訂信託契約，約定保險理賠金分期給付給子女，避免他們一次性獲得大筆財富。信託契約中還設定了多項條款，例如：子女必須完成大學學業，才能獲得額外的教育補助金；子女若能創業成功，可獲得創業基金等。透過這些條款，王先生希望引導子女積極向上，培養正確的理財觀念，讓財富不僅能順利傳承，更能為後代創造更大的價值。

第七章　保險與信託：保障你的投資安全

▊信託的靈活應用：照顧特殊需求的家人

蔡媽媽是一位 70 歲的退休婦女，獨自撫養一名患有智能障礙的兒子。她擔心自己過世後，兒子的生活無人照顧，於是設立了保險金信託。契約中規定，保險理賠金將撥入信託專戶，由受託人定期撥付兒子的生活費與醫療費用，確保兒子在她離世後仍能獲得妥善照顧。此外，蔡媽媽指定了一位信任的親友擔任信託監察人，監督信託的執行。透過這樣的安排，蔡媽媽得以安心，知道兒子的未來有保障。

> **保險與信託的實務應用**
>
> 險提供風險保障，信託則協助資產管理與傳承。將兩者結合，能夠創造出更全面的財務保護與資產配置方案。然而，保險與信託的設立與管理需要專業的知識與經驗，建議讀者在進行規劃時，應與專業顧問合作，量身打造最適合自身需求的方案，確保財富的永續傳承。

第九節
避開常見陷阱：保險業務話術破解

保險雖是保障生活的工具，但在保險銷售過程中，業務員常使用許多話術，讓人不自覺陷入衝動投保。面對話術與花言巧語，若無法理性判斷，恐會買到不符合需求、保費過高或保障不足的保單，反而讓財務陷入風險。本節將深入剖析常見話術與破解之道，協助讀者做出更理性與適合自身的保險決策。

常見話術一：
「這個方案是針對 VIP 推出，錯過就沒機會！」

業務員常以「限時」或「限量」話術，強調保險方案的稀缺性，營造「錯過可惜」的壓力感。這種話術易讓人產生「錯過恐懼症」，趕忙投保。

破解之道：理性的保險決策應該是基於家庭與財務狀況，而非短暫優惠。面對這種話術，應冷靜詢問方案的具體保障內容與必要性，必要時請第三方顧問協助評估。

第七章　保險與信託：保障你的投資安全

常見話術二：
「這份保單每年都有高額回饋，買保險就是在賺錢！」

有些業務員會將保險包裝成「投資工具」，強調高報酬率、固定分紅或保證配息，模糊了保險保障與投資的本質差異。

破解之道：保險的本質是保障，若單看報酬率，不如直接投資股票或基金。保險的投資報酬通常不及其他資產，必須釐清這點，確保購買的是「保障需求」，不是「短期賺錢」的錯覺。

常見話術三：
「只要有保單，就不用擔心所有風險！」

業務員有時會將保險包裝成「萬能解決方案」，讓人誤以為只要買了一份保單，就無後顧之憂。

破解之道：保險僅是風險管理的一部分，無法完全取代投資與儲蓄。每種保單都有除外責任與理賠限制，購買前務必詳細閱讀條款。

避免因話術誤踩雷區

張小姐分享，她在剛入社會時被一位業務員以「保障兼投資」話術說服，購買了一份高額終身壽險。幾年後，她才發現這份保單每月保費高達薪資的四分之一，嚴重影響生活品

質。經專業顧問協助檢視，她改買了保障高、保費負擔小的定期壽險，並將節省下的錢投入ETF，整體財務結構更穩健。

另一位林先生，因業務員強調「有保單就萬無一失」，選擇了一份保費高昂、但保障範圍有限的保單。當家中發生醫療事故時，卻因不符理賠條件而無法獲得應有理賠。這讓他深刻理解，保單選擇更應該回歸「保障為本」。

回歸保險本質，理性決策

面對保險業務員的話術，投資人應該謹記，保險的最核心價值在於保障生活，而非短期賺錢或炫耀的工具。選擇保單前，務必盤點自身需求、理解各種保險產品的保障範圍與限制，並尋求專業協助，做出真正適合自己的選擇。

第七章　保險與信託：保障你的投資安全

第十節
財富安全的最後防線

在現代財務規劃中，保險與信託的結合已成為保障家庭成員、實現財富傳承的重要工具。透過案例，我們可以更深入地了解這些金融工具如何在現實生活中發揮作用，協助家庭面對各種挑戰。

家族保障與財富傳承規劃

李董事長，65 歲，是一家傳產製造企業的創辦人，累積了逾新臺幣 5 億元的企業與個人資產。由於家庭結構複雜（與前妻育有一子，現任妻子另有一子一女），他擔心未來遺產分配引發爭議，也憂心企業傳承與小孩的財務紀律問題。

在財務顧問建議下，他進行以下整合性規劃：

1. 設立家族信託

他將名下部分不動產與現金資產（約新臺幣 1.5 億元）交由信託銀行成立「家族信託」，指定受託人為信託公司，並明確設定以下條件：

◆ 兒子需年滿 35 歲並完成碩士學業後，方可領取每年固定分配。

- 若任何子女涉入重大法律糾紛或吸毒行為,將中止信託分配。
- 保留部分資產,用於贊助孫輩教育費與重大醫療支出。

2. 購買高額壽險並納入信託

李董事長以自身為被保人,購買新臺幣 8,000 萬元壽險,將保單受益人設為「信託帳戶」,避免未來保險金落入繼承糾紛。

3. 企業股權信託

他將持有的 60% 公司股權設入另一個企業信託帳戶,確保未來在身故後,由長子接班經營,並委託監察人制度以防其他子女干涉經營權。

保險與信託的結合意義

保險與信託的結合,主要在於發揮各自的優勢,達到風險保障與資產管理的雙重目的。保險提供即時的經濟支援,信託則確保資產的長期管理與分配。透過結合,能夠:

- 確保保險金的專款專用,避免被不當使用;
- 為特定受益人(如未成年人、身心障礙者)提供長期照護;
- 實現資產的有序傳承,減少家庭糾紛。

第七章　保險與信託：保障你的投資安全

保險與信託搭配的注意事項

在進行保險與信託的搭配時，需注意以下事項：

1. 明確的契約內容

信託契約需詳細規定資金的用途、撥付方式、受益人等，避免日後產生爭議。

2. 選擇合適的受託人

受託人需具備良好的信譽與管理能力，能夠妥善管理信託財產。

3. 設置信託監察人

信託監察人可監督受託人的行為，確保信託的執行符合委託人的意願。

4. 定期檢視與調整

隨著家庭狀況的變化，應定期檢視信託內容，並進行必要的調整。

保險與信託的協同效應

保險與信託的結合，能夠發揮各自的優勢，提供更全面的財務保障與資產管理方案。透過合理的搭配，家庭可以確保資產的安全與傳承，並保障成員

第十節　財富安全的最後防線

的生活品質。然而，保險與信託的設立與管理需要專業的知識與經驗，建議讀者在進行規劃時，應與專業顧問合作，量身打造最適合自身需求的方案，確保財富的永續傳承。

第七章　保險與信託：保障你的投資安全

章節回顧

　　本章強調風險保障在理財中的重要地位，從人壽、醫療、財產保險的選擇到家庭信託的運作原理，系統性介紹保險與信託的搭配策略。透過解析常見的銷售話術與保障盲點，幫助讀者明辨資訊，設計最符合自身需求的保護機制，守住財富傳承的最後一道防線。

第八章
投資人生：
自我成長與未來規劃

第八章　投資人生：自我成長與未來規劃

第一節
投資與人生目標的結合

在現代社會中，投資不僅僅是財務增值的手段，更是實現人生目標的重要工具。透過明確的目標設定與投資策略的結合，個人可以更有效地規劃未來，實現自我價值與生活品質的提升。

投資與人生目標的關聯性

投資與人生目標之間存在密切的關聯。人生目標如購屋、子女教育、退休生活等，皆需透過財務規劃來實現。而投資則提供了實現這些目標的資金來源與增值手段。因此，將投資策略與人生目標相結合，能夠使財務規劃更具方向性與可行性。

設定明確的人生目標

在進行投資前，首先需設定明確的人生目標。這些目標應具體、可衡量，並具備實現的時間框架。例如：計劃在五年內購買自住房屋，或是在子女18歲時提供大學教育資金等。明確的目標有助於制定相應的投資策略與資金配置。

第一節　投資與人生目標的結合

制定投資策略以實現目標

根據設定的人生目標,制定相應的投資策略。例如:短期目標可選擇風險較低的投資工具,如定存或債券;中長期目標則可考慮股票、基金等具備較高報酬潛力的投資方式。此外,定期檢視投資組合的表現,並根據市場變化與個人需求進行調整,確保投資策略與人生目標的一致性。

投資與人生目標的實踐

案例一:購屋計畫的實現

王先生計劃在五年內購買自住房屋,預估需資金新臺幣 500 萬元。他將每月薪資的 30% 投入定期定額的基金投資,並選擇風險適中的平衡型基金。經過五年的持續投資與市場的穩定成長,王先生成功累積了購屋所需的資金,實現了人生目標。

案例二:子女教育基金的準備

林女士希望在子女 18 歲時提供大學教育資金,預估需資金新臺幣 200 萬元。她從子女出生起,每月定期投入股票型基金,並根據市場情況進行資產配置調整。經過 18 年的持續投資,林女士成功累積了足夠的教育基金,確保子女能夠接受良好的高等教育。

第八章　投資人生：自我成長與未來規劃

投資與人生目標結合的挑戰與對策

在實踐投資與人生目標結合的過程中，可能面臨以下挑戰：

1. **市場波動**：投資市場的不確定性可能影響資產的增值。

　→對策：採取分散投資策略，降低單一市場波動的影響，並保持長期投資的耐心。

2. **目標變更**：人生目標可能因個人或家庭狀況的變化而調整。

　→對策：定期檢視並更新人生目標，確保投資策略與目標的一致性。

3. **資金需求變化**：突發事件可能導致資金需求的變化。

　→對策：建立緊急預備金，應對突發資金需求，避免影響長期投資計畫。

投資與人生目標的協同發展

將投資策略與人生目標相結合，是實現個人財務自由與生活品質提升的有效途徑。透過明確的目標設定、合理的投資策略與持續的資產管理，個人可以更有信心地面對未來，實現自我價值與人生理想。

第二節 學習投資的長期態度

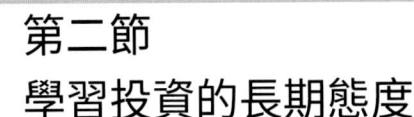

在現今快速變動的金融市場中,投資者面臨著各種挑戰與機會。然而,成功的投資並非僅靠短期的操作技巧,而是建立在長期的學習態度與堅持之上。本節將探討學習投資的長期態度,並透過案例,說明如何培養這種態度以達成財務目標。

長期投資態度的重要性

長期投資態度是指投資者在面對市場波動時,能夠保持冷靜、持續學習,並堅持既定的投資策略。這種態度有助於:

- 降低情緒對投資決策的影響。
- 避免頻繁交易帶來的成本。
- 利用時間的力量,實現資產的複利增長。

正如華倫・巴菲特(Warren Buffett)所言:「成功的投資需要時間、紀律和耐心。」

第八章　投資人生：自我成長與未來規劃

▍培養長期投資態度的策略

1. 設定明確的投資目標

明確的目標有助於投資者在市場波動時保持方向感。例如：為退休儲蓄、子女教育基金或購屋資金等。

2. 建立多元化的投資組合

透過資產配置，分散風險，降低單一市場或資產的波動對整體投資組合的影響。

3. 定期檢視與調整投資策略

根據市場變化與個人需求，定期檢視投資組合，並進行必要的調整。

4. 持續學習與自我提升

透過閱讀財經書籍、參加投資課程或與專業人士交流，提升自己的投資知識與技能。

▍案例分析

案例一：定期定額投資的力量

張先生在 30 歲時開始每月定期投資新臺幣 1 萬元於臺灣 50 指數基金。即使在市場下跌時，他仍堅持投資，並未中

斷。經過 20 年的持續投資,張先生的投資組合累積至約新臺幣 600 萬元,實現了資產的穩定成長。

案例二:學習與實踐的結合

林女士在 40 歲時開始學習投資,透過閱讀財經書籍、參加投資課程,逐步建立自己的投資策略。她將學到的知識應用於實際投資中,並定期檢視投資組合的表現。經過 10 年的努力,林女士的投資組合實現了年均 10% 的報酬率,為退休生活提供了堅實的財務基礎。

面對市場波動的心態調適

市場波動是投資過程中不可避免的一部分。投資者需學會調適心態,避免情緒化的決策。以下是幾項建議:

- 保持冷靜:在市場下跌時,避免恐慌性賣出,應該回顧自己的投資目標與策略。
- 專注長期:將注意力放在長期目標上,避免被短期波動干擾。
- 尋求專業意見:在面對重大決策時,諮詢財務顧問或專業人士的建議。

第八章　投資人生：自我成長與未來規劃

> **建立穩健的投資心態**
>
> 學習投資的長期態度是實現財務目標的關鍵。透過設定明確目標、建立多元化投資組合、持續學習與心態調適，投資者能夠在市場波動中保持穩健，實現資產的穩定成長。

第三節
如何從失敗中學習

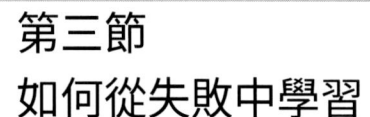

在投資這條路上，無論多麼謹慎，總會有失誤與失敗。與其害怕失敗，不如將其視為成長的養分。成功的投資人往往不是沒有跌倒過，而是能在跌倒中找出問題、吸取教訓、調整步伐，讓自己下一次走得更穩。本節將帶您探討如何從失敗中學習，轉化失敗為人生的寶貴資產。

失敗是投資的必修課

失敗是投資的必然階段。無論是因為市場波動，還是因為個人判斷錯誤，幾乎所有投資人都會在某個時刻面臨損失。美國投資大師查理‧蒙格（Charlie Munger）說過：「如果你無法接受小損失，就無法贏得大勝利。」這句話提醒我們，失敗是投資學習曲線上的一部分。

失敗的類型與成因

(1)情緒化決策：在市場劇烈波動時，因恐慌賣出或貪婪追高，往往是導致損失的主因。

(2)資訊不對稱：缺乏正確或完整的市場資訊，造成錯誤判斷。

第八章　投資人生：自我成長與未來規劃

(3)過度集中投資：將所有資金押寶在單一標的,沒有分散風險。

(4)忽略資金管理：沒有設立停損點或緊急預備金,讓損失擴大。

從失敗中找出價值

案例一：高點追價教訓

林先生在 2021 年股市熱潮中,看到許多股票短期內翻倍,忍不住在高點進場。結果市場回檔,他的投資組合市值大幅縮水。林先生當時感到沮喪,甚至想放棄投資。

然而,冷靜下來後,他開始回顧自己的決策,發現自己過度相信市場的短期表現,忽略了產業基本面與風險管理。從那之後,他開始學習閱讀產業報告,並練習分散投資,避免一次失敗就全盤皆輸。兩年後,雖然市場仍有波動,但他的投資組合更加穩健,對市場的理解也更加深入。

案例二：衝動投資經驗

陳小姐曾經因朋友推薦,將大筆資金投入一檔熱門的基金,沒有詳細研究產品本身與市場趨勢。結果基金短期內表現不如預期,陳小姐的資金被套牢。

她痛定思痛,開始學習基金評估指標與市場週期,並與理財顧問討論自己的財務目標與風險承受度。雖然第一次的

經驗讓她損失了不少,但也讓她更清楚自己需要什麼樣的投資策略,而不是盲目追隨他人的建議。

從失敗到成長的三步驟

1. 冷靜分析,找出問題根源

遇到失敗,情緒是最大的敵人。首先要冷靜回顧當時的判斷過程,找出錯誤的思考或步驟。

2. 記錄與反思,累積經驗值

許多成功的投資人都會保持投資筆記,記錄每次的操作、決策背景與後果。這種「學習日誌」有助於累積自己的投資智慧。

3. 調整策略,強化風險管理

學習從錯誤中找到應對策略,並設立停損點或資金控管,減少未來的損失。

失敗是通往成功的必經路

沒有人喜歡失敗,但投資世界中,失敗是最好的老師。當我們能從失敗中獲得啟發,下一次面對市場時,就會更有信心,也更有底氣。投資之路,是一場耐力賽,唯有不斷學習與調整,才能從挫敗中開出花朵。

第八章　投資人生：自我成長與未來規劃

第四節
改變思維，打造財富人生

在現代社會中，財富的累積不僅僅依賴於收入的多寡，更取決於個人的思維方式。許多研究與實際案例顯示，成功的投資者與富有人士往往擁有與眾不同的思考模式。本節將探討如何透過改變思維，打造屬於自己的財富人生。

富人思維與窮人思維的差異

根據理財專家戴夫・拉姆西（Dave Ramsey）的研究，富人與窮人在思考方式上存在顯著差異。富人通常具有以下七大心態：

(1) 堅定目標：富人對於自己的目標有清晰的認知，並持之以恆地追求。

(2) 節儉生活：他們懂得控制消費，將資金投入於能帶來回報的項目。

(3) 終身學習：富人持續學習新知識，提升自己的能力。

(4) 積極行動：他們勇於嘗試，善於把握機會。

(5) 風險管理：富人懂得評估風險，做出明智的決策。

(6) 獨立思考：他們不盲從他人，有自己的判斷力。

第四節　改變思維，打造財富人生

(7) 長遠規劃：富人著眼於長期目標，不被短期利益所迷惑。

相對地，窮人往往缺乏明確目標，消費無節制，學習動力不足，行動遲緩，風險意識薄弱，容易受他人影響，且缺乏長遠規劃。

思維轉變的案例

案例一：從月光族到投資達人

陳先生曾是一位典型的月光族，每月薪水剛發就花光。一次偶然的機會，他閱讀了關於財富思維的書籍，開始反思自己的消費習慣。他決定改變，開始記帳、制定預算，並學習投資知識。經過兩年的努力，他不僅擺脫了月光族的困境，還累積了一筆可觀的投資資金。

案例二：從保守到積極的投資者

林女士一直認為投資風險太高，因此將所有資金存入銀行。然而，隨著通膨的影響，她發現自己的資金實際購買力逐年下降。在朋友的建議下，她開始學習投資知識，並逐步將部分資金投入於低風險的基金。隨著信心的建立，她的投資組合逐漸多元化，資產也穩定增長。

第八章　投資人生：自我成長與未來規劃

▌培養富人思維的策略

(1) 設定明確的財務目標：例如三年內存下購屋頭期款，或五年內達成財務自由。

(2) 建立預算與記帳習慣：了解自己的收支狀況，控制不必要的開支。

(3) 持續學習投資知識：閱讀書籍、參加課程，提升自己的財商。

(4) 培養風險意識：了解各種投資工具的風險與報酬，做出適合自己的選擇。

(5) 建立多元收入來源：除了本業外，發展副業或投資，增加收入來源。

思維轉變是財富累積的關鍵

財富的累積不僅僅依賴於收入的多寡，更取決於個人的思維方式。透過改變思維，培養富人心態，個人可以更有效地管理財務，實現財務自由。

第五節
建立健康的金錢觀念

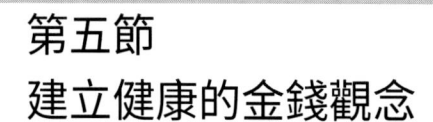

在現代社會中，金錢已成為生活中不可或缺的一部分。然而，對金錢的態度與觀念，往往深深影響著個人的財務決策與生活品質。建立健康的金錢觀念，不僅有助於個人財務的穩定，更能促進心理健康與人際關係的和諧。

金錢觀念的形成與影響

金錢觀念的形成，受家庭、教育、社會文化等多方面因素影響。從小在家庭中觀察父母對金錢的態度，會潛移默化地影響孩子對金錢的看法。例如：若父母經常為金錢爭吵，孩子可能會對金錢產生負面情緒；反之，若父母理性討論財務規劃，孩子則可能學會理性看待金錢。

此外，教育與社會文化也扮演著重要角色。學校教育若能涵蓋基本的理財知識，將有助於學生建立正確的金錢觀念；而社會文化中的價值觀，如消費主義或節儉美德，也會影響個人對金錢的態度。

第八章　投資人生：自我成長與未來規劃

▌健康金錢觀的特徵

建立健康的金錢觀念，需具備以下特徵：

◆ 理性消費：能夠區分「需要」與「想要」，避免衝動購物。
◆ 良好的儲蓄習慣：定期儲蓄，為未來的需要或突發事件做好準備。
◆ 適度的風險承受能力：了解投資風險，根據自身情況做出適當的投資決策。
◆ 財務規劃能力：能夠制定短期與長期的財務目標，並規劃實現的步驟。
◆ 正面的金錢態度：將金錢視為達成目標的工具，而非唯一的成功標準。

▌案例分析

案例一：從月光族到理財達人

　　王先生年輕時收入不錯，但因缺乏儲蓄習慣，經常入不敷出。一次突如其來的醫療費用讓他陷入財務困境，這才意識到儲蓄的重要性。此後，他開始學習理財知識，制定預算，控制支出，並建立緊急預備金。幾年後，他不僅擺脫了財務困境，還開始進行投資，實現了財務自由。

案例二:家庭教育的重要性

林女士從小在重視理財的家庭中長大,父母會與她討論家庭預算,讓她參與財務決策。這樣的教育使她從小就具備良好的金錢觀念。成年後,她能夠合理規劃財務,避免不必要的支出,並在適當的時機進行投資,為自己的未來做好準備。

培養健康金錢觀的策略

(1)教育與學習:透過閱讀理財書籍、參加課程,提升財務知識。

(2)制定預算:每月制定收支預算,控制支出,避免超支。

(3)建立儲蓄計畫:設定儲蓄目標,如購屋、旅遊、退休等,並定期存款。

(4)投資規劃:根據自身風險承受能力,選擇適合的投資工具,實現資產增值。

(5)心理調適:正確認識金錢的價值,避免將金錢與自我價值連結,培養健康的金錢態度。

第八章　投資人生：自我成長與未來規劃

金錢觀念與生活品質的關聯

健康的金錢觀念有助於提升生活品質。透過理性消費、良好的儲蓄與投資習慣，個人能夠實現財務穩定，減少壓力，提升幸福感。同時，正確的金錢態度也有助於建立良好的人際關係，促進家庭和諧。

第六節
投資教育與下一代的培養

　　在當今快速變遷的社會中，培養下一代具備良好的投資與理財觀念，已成為家庭與教育體系的重要課題。隨著金融市場的多元化與資訊的普及，孩子們從小接觸金錢的機會大幅增加，然而，若缺乏正確的引導，可能導致錯誤的金錢觀念與消費行為。因此，從小培養孩子的財務素養，對於他們未來的財務穩定與生活品質具有深遠的影響。

▎家庭教育的基石：以身作則與實踐

　　家庭是孩子學習金錢觀念的第一個場所。父母的消費行為、儲蓄習慣與投資決策，無形中影響著孩子對金錢的態度。研究指出，父母若能以身作則，展示理性的消費與投資行為，孩子更容易建立正確的金錢觀念。

　　例如：父母可以與孩子一起制定家庭預算，討論每筆支出的必要性，讓孩子參與財務決策的過程。此外，透過給予固定的零用錢，並教導孩子如何分配於儲蓄、消費與分享三個部分，培養他們的財務規劃能力與社會責任感。

第八章　投資人生：自我成長與未來規劃

▌學校教育的補充：融入課程與實務操作

隨著 108 課綱的推行，金融素養已被納入國中小的課程中。學校透過模擬商店、理財遊戲與專題報告等方式，讓學生在實際操作中學習金錢管理的技巧。例如：某國小舉辦的「小小理財家」活動，讓學生模擬經營商店，從中學習成本控制、利潤計算與市場行銷等概念，提升他們的財務思維。

此外，學校也可邀請金融專業人士進行講座或工作坊，讓學生了解投資工具的基本知識與風險管理的重要性。透過這些活動，學生能夠將理論與實務結合，深化對財務管理的理解。

▌社會資源的整合：政府與非營利組織的角色

政府與非營利組織在推動金融教育方面扮演著關鍵角色。例如：臺灣證券交易所積極推動「全民投資通識課」，透過線上課程與校園講座，提升年輕族群的投資知識與風險意識。

此外，家庭教育中心也舉辦親子共學的理財課程，透過互動遊戲與案例討論，讓家長與孩子共同學習金錢管理的技巧。

這些資源的整合，不僅提供了多元的學習管道，也促進了家庭、學校與社會三方面的合作，共同打造良好的金融教育環境。

第六節　投資教育與下一代的培養

從理論到實踐

案例一：家庭理財教育的成功轉變

林先生是一位中學教師，過去對投資理財缺乏了解。在參加了家庭教育中心舉辦的理財課程後，他開始與妻子共同制定家庭預算，並定期與孩子討論金錢的使用方式。透過這樣的家庭互動，孩子們學會了儲蓄與消費的平衡，並開始對投資產生興趣。林先生也進一步參加了證交所的投資通識課，提升了自己的金融知識，進而帶動全家的財務素養提升。

案例二：學校理財課程的實踐成果

某國中推行「理財小達人」課程，透過模擬投資遊戲，讓學生體驗股票市場的運作。學生們在遊戲中學習風險評估與資產配置的重要性，並透過小組討論，培養團隊合作與決策能力。課程結束後，學生們表示對投資有了更深入的了解，並願意將所學應用於日常生活中。

投資教育的長遠影響

投資教育不僅是傳授金融知識，更是培養孩子面對未來挑戰的能力。透過家庭、學校與社會的共同努力，孩子們能夠從小建立正確的金錢觀念，學會理性消費、有效儲蓄與智慧投資，為未來的人生奠定堅實的基礎。

第八章　投資人生：自我成長與未來規劃

第七節
心態與行動：從懶人到行動派

在投資與理財的道路上，心態與行動的結合是成功的關鍵。許多人擁有豐富的知識與資源，卻因為缺乏正確的心態或行動力，無法實現財務目標。本節將探討如何從懶惰的思考模式轉變為積極的行動派，並透過案例與策略，協助讀者建立正確的心態與行動計畫。

認識懶人心態的陷阱

懶人心態通常表現為拖延、缺乏目標、害怕失敗等特徵。這種心態會導致個人無法有效地管理財務，錯失投資良機，甚至陷入財務困境。例如：一位上班族明知應該開始儲蓄與投資，卻總是以「等下個月再開始」為藉口，結果多年過去，仍然一無所獲。

根據《刻意致富》一書的觀點，成功的致富者往往具備積極的行動力與明確的目標設定。他們不僅有夢想，更有將夢想付諸實現的計劃與行動。

第七節　心態與行動：從懶人到行動派

▍建立行動派心態的策略

（1）設定明確的財務目標：將長期目標拆分為短期可實現的步驟，增加達成的可能性。

（2）制定可行的行動計畫：根據自身情況，制定每日、每週、每月的行動計畫，並持續追蹤進度。

（3）培養自我紀律：透過建立固定的理財習慣，如每月固定儲蓄、定期檢視投資組合等，增強自我控制能力。

（4）尋求支持與鼓勵：與家人、朋友或理財顧問分享自己的財務目標，獲得他們的支持與建議。

（5）學習與成長：持續學習理財知識，提升自己的財務素養，增強自信心。

▍案例分析

案例一：從月光族到投資達人

張先生是一位 30 歲的上班族，過去習慣於月光生活，對理財毫無概念。一次偶然的機會，他參加了一場理財講座，開始意識到自己的財務問題。他決定改變，開始記帳、制定預算，並學習投資知識。經過兩年的努力，他不僅擺脫了月光族的困境，還累積了一筆可觀的投資資金。

第八章　投資人生：自我成長與未來規劃

案例二：從拖延到積極行動

林小姐是一位自由工作者，過去總是拖延儲蓄與投資的計畫。在閱讀了《致富心態》一書後，她開始反思自己的行為，並制定了具體的財務目標。她開始每月固定儲蓄，並學習投資知識，逐步建立起自己的投資組合。現在，她已經能夠穩定地管理自己的財務，並朝著財務自由的目標邁進。

從心態到行動的轉變

轉變心態並付諸行動，需要持續的努力與自我激勵。以下是一些實用的建議：

- 自我反思：定期檢視自己的財務狀況與行為模式，找出需要改進的地方。
- 設定獎勵機制：在達成財務目標後，給予自己適當的獎勵，增強動力。
- 建立支持系統：與志同道合的人組成理財小組，互相鼓勵與分享經驗。
- 持續學習：參加理財課程、閱讀相關書籍，提升自己的財務知識。

第七節　心態與行動：從懶人到行動派

從懶人到行動派的關鍵

從懶人心態轉變為行動派，需要明確的目標設定、可行的行動計畫、自我紀律的培養，以及持續的學習與支持。透過這些策略，個人可以逐步建立起積極的心態與行動力，實現財務目標，打造更美好的未來。

第八章　投資人生：自我成長與未來規劃

第八節 投資改變人生

在投資的世界裡，成功並非偶然，而是源於堅持、學習與正確的策略。本節將透過多位投資人的故事，探討他們如何運用投資改變人生，並從中汲取寶貴的經驗與教訓。

從月薪三萬到資產千萬：投資翻轉人生

張先生是一位普通的上班族，月薪僅有三萬元。起初，他對投資一無所知，僅靠薪水維持生活。然而，隨著年齡增長，他意識到僅靠薪水難以實現財務自由。於是，他開始學習投資知識，從定期定額投資基金開始，逐步涉獵股票、ETF 等投資工具。經過十年的努力，他的資產累積至千萬元，成功翻轉了人生。

價值投資的力量：年輕人也能致富

高先生在 26 歲時，透過價值投資的策略，專注於研究被低估的股票。他深入研究公司的財報與產業趨勢，選擇了微星科技作為投資標的。在股價低迷時大量買進，並在股價上漲後獲利了結，成功賺進 500 萬元。這個經驗讓他深信價值投資的力量，並持續在投資路上前行。

第八節　投資改變人生

▍從投資失敗中學習：重拾信心再出發

林小姐曾因家人投資失敗，導致家庭負債近億元，對投資產生恐懼。然而，她不願被過去的陰影所困，決定重新學習投資知識。透過參加投資課程與實務操作，她逐漸建立起信心，並在投資中獲得穩定的收益。這段經歷讓她明白，投資需要謹慎與學習，但只要用心，人人都有機會成功。

▍企業家的投資之路：從創業到成功

張忠謀在 55 歲時創立台積電，開創了半導體代工的商業模式，改變了全球半導體產業的格局。他憑藉著深厚的專業知識與遠見，將台積電打造成全球領先的晶圓代工廠，為臺灣經濟發展做出巨大貢獻。他的故事證明，年齡不是創業的障礙，只要有夢想與行動，隨時都可以開始。

▍投資改變人生的共通點

從上述案例中，我們可以發現成功的投資人具有以下共通點：

- 持續學習：不斷提升自己的投資知識與技能。
- 耐心與紀律：堅持長期投資，避免短期波動影響決策。

第八章　投資人生：自我成長與未來規劃

- ◆ 風險管理：了解自己的風險承受能力，制定適合的投資策略。
- ◆ 行動力：勇於實踐投資計畫，從實際操作中學習與成長。
- ◆ 正確心態：面對投資的起伏，保持冷靜與理性。

投資改變人生的可能性

投資不僅僅是金錢的增值，更是一種生活態度的轉變。透過投資，我們可以實現財務自由，提升生活品質，甚至影響他人。然而，投資之路並非一帆風順，需要不斷學習與調整。只要堅持正確的理念與策略，人人都有機會透過投資改變人生。

第九節
投資是一生的學習

在現今快速變遷的社會中，投資已不再是專屬於金融專家的領域，而是每個人生活中不可或缺的一部分。無論是為了退休規劃、子女教育基金，或是實現財務自由，投資都扮演著關鍵角色。然而，投資並非一蹴可幾的技能，而是一生持續學習與實踐的過程。

▌投資教育的起點：從年輕開始

許多專家強調，投資應該從年輕時就開始培養。國泰投信董事長張錫在與臺大財金領導青年營的學生分享時提到：「除了自己的專業，也要有第二技能傍身，投資就是一生的功課」，他以自身經驗告訴同學，投資理財越早開始越好。

早期接觸投資不僅能累積實戰經驗，更能培養正確的金錢觀念與風險意識。透過定期定額投資、了解複利效應等基本概念，年輕人可以在時間的助力下，逐步建立穩健的財務基礎。

▌持續學習的重要性

投資市場瞬息萬變，新興產業的崛起、政策的調整、全球經濟的波動，都可能影響投資組合的表現。因此，投資人

第八章　投資人生：自我成長與未來規劃

必須持續學習，更新知識，才能應對各種挑戰。

例如：近年來 ESG（環境、社會、公司治理）投資概念興起，成為評估企業價值的重要指標。投資人若能掌握這些新趨勢，將有助於做出更全面的投資決策。

實踐中的學習：從經驗中成長

投資的學習不僅來自書本與課程，更來自實際操作中的經驗累積。每一次的投資決策、每一次的市場波動，都是學習的機會。

例如：一位投資人在初次接觸股市時，可能因為追求短期獲利而頻繁交易，結果反而導致虧損。透過這樣的經驗，他學會了耐心與紀律，轉而採取長期投資策略，最終獲得穩定的回報。

投資與生活的結合

投資不應該是與生活脫節的活動，而應該與個人的價值觀、生活目標緊密結合。例如：若一個人重視環保與社會責任，他可以選擇投資於具有良好 ESG 表現的企業，實現財務回報與社會影響的雙重目標。

此外，投資也可以成為實現夢想的工具。透過合理的財務規劃與投資策略，個人可以為創業、旅遊、購屋等目標累積資金，提升生活品質。

第九節　投資是一生的學習

建立正確的投資心態

成功的投資不僅依賴於知識與技巧，更需要正確的心態。投資人應該具備以下特質：

- 耐心：理解投資是長期的過程，避免因短期波動而做出衝動決策。
- 紀律：遵守既定的投資計劃，不因市場情緒而輕易改變策略。
- 謙虛：承認自己的知識有限，持續學習與求進步。
- 風險意識：了解每項投資的風險，並採取適當的風險管理措施。

投資學習的旅程

投資是一條終身學習的旅程，沒有捷徑，只有不斷的學習與實踐。從年輕時開始培養投資習慣，持續更新知識，從實踐中汲取經驗，並建立正確的心態，才能在投資的道路上穩健前行，實現財務自由與人生目標。

第八章　投資人生：自我成長與未來規劃

第十節
實現財務自由的最後拼圖

在前面的章節中，我們探討了投資的基本概念、策略與心態，並透過案例了解投資如何改變人生。本節將綜合這些知識，協助讀者拼湊出實現財務自由的最後一塊拼圖，打造屬於自己的財富藍圖。

財務自由的定義與重要性

財務自由指的是個人擁有足夠的資產和收入來源，能夠無需依賴工作而維持生活所需的狀態。這意味著你可以自由選擇如何使用你的時間，追求自己的夢想和興趣。

實現財務自由的關鍵要素

1. 設定明確的財務目標

透過了解你的財務現況、設定 SMART 目標、擬定個人化的投資策略、善用稅務優惠和定期檢視調整，你可以逐步實現財務自由，掌控自己的財富命運，打造更加美好的未來。

2. 建立被動收入來源

實現財務自由的一個重要途徑是創建可靠的被動收入流。這些收入可以來自投資、房地產租賃或其他收益型企業，其目的是讓你的財務狀況不再完全依賴於主動工作收入。

3. 持續學習與自我投資

在當今快速變化的世界中，持續學習已成為成功的關鍵。要在日常生活中融入學習，首先需要建立一個明確的學習計畫。這個計畫應該包括你希望掌握的技能和知識領域，並設定具體的學習目標。

4. 制定個人化的投資計畫

建議您在開始規劃前，花時間釐清自己的目標，並定期檢視與調整您的投資組合，才能真正實現財務自由。

案例分析

案例一：從零開始的財務規劃

李先生是一位 30 歲的上班族，起初對財務規劃一無所知。在閱讀相關理財書籍後，他開始建立緊急儲蓄基金，制定定期投資計畫，並選擇合適的投資工具。經過五年的努力，他成功累積了一筆可觀的資產，實現了財務自由的目標。

第八章　投資人生：自我成長與未來規劃

案例二：自我投資的力量

張小姐是一位自由工作者，透過持續學習和自我提升，她不僅提升了自己的專業技能，還建立了多元的收入來源。這些努力使她在短短幾年內實現了財務自由，並能夠自由選擇生活方式。

拼湊財務自由的最後拼圖

實現財務自由並非一蹴可幾，而是需要明確的目標設定、建立被動收入來源、持續學習與自我投資，以及制定個人化的投資計畫。透過這些策略，個人可以逐步建立起穩健的財務基礎，實現財務自由的目標。

章節回顧

　　理財不只是金錢管理，更是人生策略的實踐。本章探討投資與人生目標的整合，如何從失敗中學習與調整心態，進而建立健康的金錢觀與行動力。章末延伸至投資教育與世代傳承，鼓勵讀者將理財當作一生的修行，從現在開始累積通往財務自由的最後拼圖。

國家圖書館出版品預行編目資料

零公式學完投資學：應對通膨壓力、生活成本與資源錯配的現代生存財務策略 / 洪予凱 著.
-- 第一版 . -- 臺北市：財經錢線文化事業有限公司 , 2025.07
面 ； 公分
POD 版
ISBN 978-626-408-330-0(平裝)
1.CST: 個人理財 2.CST: 投資
563 114009792

電子書購買

爽讀 APP

零公式學完投資學：應對通膨壓力、生活成本與資源錯配的現代生存財務策略

臉書

作　　　者：洪予凱
發 行 人：黃振庭
出 版 者：財經錢線文化事業有限公司
發 行 者：崧燁文化事業有限公司
E - m a i l：sonbookservice@gmail.com
粉 絲 頁：https://www.facebook.com/sonbookss/
網　　　址：https://sonbook.net/
地　　　址：台北市中正區重慶南路一段 61 號 8 樓
8F., No.61, Sec. 1, Chongqing S. Rd., Zhongzheng Dist., Taipei City 100, Taiwan
電　　　話：(02) 2370-3310　　傳　　　真：(02) 2388-1990
印　　　刷：京峯數位服務有限公司
律師顧問：廣華律師事務所 張珮琦律師

-版權聲明-

本書作者使用 AI 協作，若有其他相關權利及授權需求請與本公司聯繫。
未經書面許可，不可複製、發行。

定　　　價：375 元
發行日期：2025 年 07 月第一版
◎本書以 POD 印製